Johannes Reimer
Die Rückkehr ins Land der Väter

Der Autor

Johannes Reimer ist 1955 als Sohn deutscher Eltern in Russland geboren. 1976 Umzug nach Deutschland. Reimer besuchte eine Bibelschule und studierte Theologie in Hamburg und Fresno, USA. 1986 gründete er das Missionswerk LOGOS International, 1995 promovierte er zum Doktor der Theologie. 1997 wurde er zum Professor ernannt.
Heute leitet er die Gesellschaft für Bildung und Forschung in Europa (zu der elf Bibelschulen und Seminare gehören), ist Professor für Missionswissenschaft an der University of South Africa (UNISA) und lehrt an der Bibelschule Wiedenest und an der Akademie für Christliche Führungskräfte gemeinde- und missionsbezogene Themen. Er ist aktiv im Gemeindeaufbau und in der Gemeindegründung im In- und Ausland tätig und als Bibellehrer international unterwegs.
Johannes Reimer ist verheiratet mit Cornelia und hat mit ihr drei Kinder. Er hat im Logos Verlag bereits viele Bücher veröffentlicht. Im Brunnen Verlag erschien 2005 in überarbeiteter Neuauflage sein vielbeachtetes Buch «Der Verweigerer». 2008 erschien auch die Vorgeschichte zum «Verweigerer»: «Aufbruch in Tallinn».

Johannes Reimer

Die Rückkehr ins Land der Väter

Wanja Richters Bewährungsprobe im Westen

Eine autobiografische Erzählung

BRUNNEN
VERLAG BASEL · GIESSEN

Bibliografische Information der Deutschen Bibliothek
Die Deutsche Bibliothek verzeichnet diese Publikation in der Deutschen Nationalbibliografie; detaillierte bibliografische Daten sind im Internet über http://dnb.ddb.de abrufbar.

Die Bibelstellen sind der Luther-Bibel (1999, mit neuer deutscher Rechtschreibung) entnommen.

Umschlag: Michael Basler, Lörrach
Foto Umschlag: Getty Images, München
Satz: Bertschi & Messmer AG, Basel
Druck: St. Johannis, Lahr
Printed in Germany

ISBN 978-3-7655-4042-4

Inhalt

Vorwort 7

1. Am Anfang gab es noch keine Bibelschule 13

Auf geht's nach Deutschland 14

Das Ende der großen Liebe 28

Die Berufung nach Neuland 36

Der Weg in die Bibelschule 48

2. Studieren setzt einiges voraus 55

Ohne Sprache kein Lernen 57

Halbblinde haben es schwer 62

Formalin – der Stoff, aus dem das Gewissen fehlgepolt wird 66

Die Zahnpasta-Lektion..................................... 74

3. Theorie ist gut – Praxis ist anders 79

Fußball für Jesus 80

Und dann hörte es auf zu regnen 86

Krawattenbinden und Mittagsschlaf 89

Vertrauen lernt man mit dem Rücken zur Wand 93

4. Spaß muss sein 107

Wenn Bibelschuldämonen entlarvt werden 108

Beim Schall der letzten Posaune 113

Heucheln nicht geduldet 117

5. Lernen, wie Erwachsene lernen 123

Lehren will auch gelernt sein.............................. 125

Seelsorger brauchen Seelsorger.......................... 131

Gaben – ja, aber welche? 135

Was macht man, wenn einem der Teufel begegnet?.. 139

6. Die Anwendung gelingt nicht immer 143

Ich will heilen und Frieden schaffen 143

Nichts als Glühbirnen.. 156

Gott an erster Stelle 165

Endlich Sieg.. 170

Mission ja, aber nie übereilt 173

7. Endlich angekommen 179

Vorwort

Heimat – dieses Wort beinhaltet und «atmet» für die meisten Menschen auf der Erde Geborgenheit und ist gefüllt mit Erinnerungen aus der Kindheit und Jugend. In diesen Erinnerungen verweben sich tatsächliche Erlebnisse mit den nie realisierten Träumen der Kindheit. Gegenstände des Alltags werden zu wertvollen Exponaten positiver Erfahrungen. Und die Vergangenheit verdichtet sich zu Grundmustern des Lebens. Heimat – ein Wort, aus dem der Stoff für Lieder und Erzählungen gewonnen wird.

All das verband Wanja Richter mit dem Wort Heimat nicht. Für ihn war Heimat, seitdem er sich erinnern konnte, ein unbekanntes Land im Westen Europas, Tausende von Kilometern entfernt. Ein Land, das seine Eltern liebevoll «Deutschland» nannten. Alles, was ein Menschenherz sich wünschte, lag angeblich in diesem Land seiner Väter verborgen. Es war das Land der Träume seiner Eltern. Eine paradiesische Schatzinsel im Weltenmeer, unbekannt und doch begehrenswert, unerreichbar und doch Gegenstand vieler Gespräche.

Wanja wusste wenig über Deutschland. Die Informationen, die man erhielt, stammten von den staatlichen Medien, und diesen traute die Familie Richter nur wenig. Genährt wurden die Träume durch die Erzählungen derer, die bereits nach Deutschland ausgewandert waren. Und die stellten das Land in einem hellen Licht dar. So wurde der Wunsch, eines Tages auch zu den Glücklichen zu gehören und nach Deutschland ausreisen zu dürfen, zum Lebensziel. Unter den Deutschstämmigen der Sowjetunion sagte man dazu: «Den hat das Deutschlandfieber erwischt.»

Und schließlich kam dieser Tag auch für die Familie Richter. Die sowjetischen Behörden erteilten Wanjas Familie ein Ausreisevisum. Und schon bald landeten sie im Westen. Dieses Buch erzählt von den ersten Erfahrungen des tiefgläubigen jungen Mannes in der Bundesrepublik Deutschland, im Westen also.

Viele dieser Erfahrungen hat er auf der Bibelschule gemacht. So ist dieses Buch auch ein Buch über Bibelschulerfahrungen. Bibelschulen sind für die einen der Inbegriff der Geistlichkeit, für die anderen ein willkommener Anlass, über Menschen zu reden, die sich aus der realen Hemisphäre in eine Welt zurückgezogen haben, die irgendwo jenseits des Jordans beginnt. Oder wenigstens jenseits des realen Lebens. In der Regel auf einem Berg, in einem Wald, auf jeden Fall in der sicheren Abgeschiedenheit von all dem, was die Welt hat und ist.

Bibelschule prägt und hinterlässt Spuren, ob man will oder nicht. Am Ende werden aus Menschen Prediger – oder auch nicht. Manchmal sind es Frauen, die eine Bibelschule absolvieren. Sie werden Missionarinnen oder so. Nicht wenige der Bibelschüler werden weder das eine noch das andere. Bereuen würden sie ihre Zeit auf der Schule deshalb nicht. Bibelschule prägt. Einmal erlebt, vergisst man sie nie wieder.

Wanja Richter erfuhr seine Bibelschuljahre als herausfordernd und prägend, ja mehr noch, nach den drei Jahren Bibelschulausbildung gab es den Wanja, der einmal aus der Sowjetunion nach Deutschland und dann zur Bibelschule gekommen war, nicht mehr. Seine Erfahrungen sind sicher so nicht typisch. Als Ausländer in

Deutschland hat er manches viel schärfer und pointierter wahrgenommen, als es seine Kommilitonen taten. So sind Schwarzweißbilder entstanden, denen es zwar hier und da an Farbe mangelt, die dafür aber deutlicher als jedes bunte Bild die Konturen erkennen lassen.

Die Geschichten aus Wanjas Bibelschulalltag sind meinem realen Leben entnommen. Ich habe Namen, Orte und Situationen verfremdet, um die Identität der noch lebenden Personen zu schützen. Suchen Sie die Missionsschule «Licht auf dem Berg» im Verzeichnis der deutschen Bibelschulen nicht. Sie finden sie weder bei der KBA[1] noch in einer der anderen Vereinigungen theologischer Bildungsträger.

Natürlich hat Wanja in einer wirklichen Schule die Bank gedrückt. Aber ist es wirklich so wichtig, welche es war? Sie war bibeltreu, evangelikal, missionarisch, und damit ist ja wahrscheinlich alles gesagt. Oder etwa nicht? Ich habe also die echten Namen für überflüssig gehalten. Sollten Sie sie trotzdem erkennen, dann liegt sicher eine Verwechslung vor. Freuen Sie sich an den Charakteren, und ärgern Sie sich über die seltsamen Seiten einer klassischen evangelikalen Schule, aber lassen Sie es bitte sein, mir Vorwürfe zu machen. Ich habe mir die Geschichten nicht ausgedacht. Sie sind so passiert. Es sind echte Geschichten. Geschichten aus Fleisch und Blut, Schweiß und Tränen. Geschichten in Zeit und Raum. Meine Geschichten halt. Und Sie haben das Recht, sie zu genießen, aber urteilen sollten Sie nicht. Diese Geschichten haben mich geprägt. Keine davon will ich

[1] Konferenz Bibeltreuer Ausbildungsstätten e. V.

heute missen. Ich wäre nicht ich, wenn der gute Herr sie mir nicht zugemutet hätte.

Bibelschule ist nie nur ein frommes Kloster. Es ist ein Inkubator. Hier entstehen die besten geistlichen Ideen und Pläne, aber hier wird man auch versucht wie sonst nirgendwo in der Welt. Hier lernt man beten und fasten, und hier verliebt man sich als junger Mensch bis über die Ohren, so dass man zuweilen die Lust am Leben verliert. Bibelschule macht Spaß, und Bibelschule ist langweilig. Sie will prägen, und sie nimmt den vorhandenen Prägungen die Spitze. Wer einmal auf einer Bibelschule war, der wird mich verstehen. Und sollte er oder sie es nicht gewesen sein – tja, dann waren sie bestimmt auf einer anderen Schule.

Warum habe ich das Buch geschrieben? Zum einen, weil Wanja Richter das Ganze erlebt hat. Ich wurde von meinen Lesern immer wieder dazu gedrängt, die Geschichte von Wanja Richter nach den beiden ersten Bänden der Wanja-Richter-Reihe[2] weiterzuerzählen. Zum anderen habe ich es geschrieben, um Menschen, die an ein Studium auf einer Bibelschule denken, den Mund wässrig zu machen. Wanja Richter ist auf der Bibelschule ein Mensch geblieben. Das ist schon viel. Heute steht man ja in der Gefahr, die Schule als Spezialist, als Alleskönner oder wer weiß was noch zu absolvieren. Die Bibelschule will zum Beispiel Prediger ausbilden. Wenn man dann trotz allem Mensch bleibt, dann kann es so schlecht nicht gewesen sein. Wanja ist aber auch ein

[2] Beide Bände sind im Brunnen Verlag Basel erschienen und zwar mit den Titeln: *Aufbruch in Tallinn* und *Der Verweigerer.*

besserer Mensch geworden. Das ist noch mehr. Und allem anderen voran: Er hat in der Bibelschule Gott näher kennen gelernt. Und das ist die Spitze dessen, was man auf einem Bibelschulberg erfahren kann.

Sicher, die wenigsten meiner Leser werden durch die Mühlen einer Kulturanpassung gehen, wie es Wanja erfahren hat. Nicht jeder kommt aus einer anderen Kultur, geschweige denn aus einem anderen politischen System. Nicht jeder ist Aussiedler. Vielleicht werden Sie beim Lesen nur müde über seine inneren Kämpfe schmunzeln können. Tun Sie es nicht. Grenzen müssen wir alle überwinden. Lernen Sie aus Wanjas Erfahrungen. So etwas schadet nie.

Viel Spaß beim Lesen.

Johannes Reimer

– 1. –
Am Anfang gab es noch keine Bibelschule

Wie kommt ein normaler Mensch wie Wanja auf eine Bibelschule? Hätte man ihm gesagt, dass er eines Tages eine «Weltreise» unternehmen und aus seinem geliebten Kohtla-Järve in Estland nach Deutschland reisen und da mit seinem gebrochenen Plattdeutsch in die Bibelschule «Licht auf dem Berg» aufgenommen werden würde, er hätte es niemals geglaubt. Nichts lag ihm ferner als Deutschland. Und von der Existenz einer Bibelschule mit einem provozierenden Namen hatte er weder geträumt, noch hatte er von ihr gehört.

Sein Leben war von anderen Dingen geprägt. Er war gerade eben aus dem sowjetischen Militär nach Hause zurückgekehrt. Zwei Jahre zuvor hatte er den Dienst an der Waffe verweigert. So etwas war in der Sowjetunion per Gesetz untersagt. Verweigerer waren für den Staat nichts anderes als Landesverräter. Und verweigerte man aus Glaubensgründen, wie Wanja es tat, so kam noch der Vorwurf dazu, ein geistig vernebelter religiöser Spinner zu sein, der mit seinem zur Schau getragenen Pazifismus die Sicherheit des Heimatlandes gefährde. So etwas galt in einem Staat mit einer Kultur des «Vaterländischen Krieges», die alle Kräfte zur Verteidigung des Landes als heilige Pflicht eines jeden Bürgers bündelte, als unverzeihlich.

Man hatte Wanja nach seiner Verweigerung das Leben zur Hölle gemacht. Er wurde psychisch und physisch drangsaliert und auf allerlei Art und Weise unter Druck gesetzt. Als nichts mehr half, übte der Staat quasi einen Mordanschlag auf Wanja aus: Er arbeitete in einer Arbeitskolonne als Schweißer. Eines Tages erhielt Wanja den Befehl, aus einem Metallfass den Boden herauszuschneiden. Alles musste schnell gehen. Man versicherte ihm, das Fass auf Gase hin kontrolliert zu haben. Wanja glaubte es. Als er aber an die Arbeit ging, explodierte das Fass unter ihm wie eine Bombe. Es war bewusst mit einem hochexplosiven Gas vollgepumpt worden. Nur knapp entging Wanja dem sicheren Tod. Jetzt war er Invalide mit einer vielleicht noch zweijährigen Lebenserwartung. An eine Pastorenkarriere im reichen Westen zu denken, das kam unter diesen Umständen dem Wahnsinn nahe. Wenn er schon über etwas nachdachte, dann über den baldigen Tod.

Aber so beginnen eben Wege, die schließlich im «Licht auf dem Berg» enden. Nicht jeder ist berufen, aber wer berufen ist, der hat sich selten sein Schicksal ausgesucht. «Das Letzte, woran ich gedacht habe, war, eine Bibelschule zu besuchen», diesen Satz würde Wanja später auf der Schule noch sehr oft von anderen hören. *Er* hatte jedenfalls nie daran gedacht. Ans Studium schon. Auch an ein Bibelstudium. Aber Theologie? Das Wort behagte ihm nicht. Und Möglichkeiten gab es dazu eh keine.

Tja, Gottes Wege sind nicht unsere Wege. Und wer einmal berufen ist ... Jedenfalls sahen Wanja Richters Tage vor der Bibelschule alles andere als normal aus.

Auf geht's nach Deutschland

Im Frühjahr 1976 übersiedelten die Richters nach Deutschland. Ein langersehnter Traum der Familie ging endlich in Erfüllung. Alle freuten sich. Wanja hatte dagegen gemischte Gefühle. Seine Gesundheit war durch die Zeit im sowjetischen Militär ruiniert. Die Ärzte gaben ihm nicht viel mehr als zwei Jahre zu leben. Was sollte er in Deutschland? Seine Freundin Olga lebte hier, aber sie hatte ihm lange keinen Brief mehr geschrieben, und ihr Interesse an ihm schien völlig erloschen. Verständlich also, dass sich seine Begeisterung in Grenzen hielt.

Sicher war er neugierig. Der lebenslang kultivierte Traum von der historischen Heimat konnte auch an seinem Bewusstsein nicht spurlos vorbeigehen. Seine Eltern, die Oma und die Tanten hatten ihr Bestes getan, um den Kindern die Liebe zu Deutschland und zum Deutschtum beizubringen. Omas Geschichten aus den deutschen Adelshäusern waren unvergesslich. Nicht minder als Vaters Erzählungen von all dem Leid der Volksdeutschen während und nach dem Zweiten Weltkrieg.

Wenn Wanja an Deutsche dachte, dann brauchte er nur seine Augen zu schließen, und schon sah er, wie sein kleiner Vater im Viehwaggon aus der nordkaukasischen Heimat in Richtung Sibirien transportiert wird. Und seine Worte: «Eines Tages hielt unser Zug. Es gab Bombenalarm. Wir liefen aus den Waggons ins freie Feld. Und dann sahen wir sie – die deutschen Flieger. Nein, sie warfen keine Bomben. Ganz friedlich überflogen sie den stehen gebliebenen Zug und winkten uns mit ihren Flügeln. Die Piloten müssen gewusst haben, wer da in diesen Viehwaggons in den kalten Norden transportiert wurde. Sie konnten uns nicht helfen. Aber dass sie Mitleid mit uns hatten, das gab wieder Lebensmut.» Wenn Wanjas Eltern über Deutschland und die Deutschen sprachen, dann hüllte sich die Welt in paradiesische Farben.

Aber die Liebe zum Deutschtum wurde nicht nur über Geschichten herangezüchtet. Die deutschen Kolonisten in Russland waren Menschen der Ordnung. Wie sagte es einer der berühmten russischen Autoren: «Wo Deutsche leben, da herrscht Zucht und Ordnung.» Und bei Richters herrschte Zucht. Auch in Sachen Deutschtum.

So war es strikt verboten, zu Hause Russisch zu reden. Wehe, der Vater erwischte eines seiner Kinder bei einer Unterhaltung in Russisch. Wanja hatte nicht nur einmal Vaters Durchgreifen auf seinem Hintern spüren müssen. Dazu gab es noch viele andere Merkwürdigkeiten. So durfte man zum Beispiel am Tisch nicht reden. Gegessen wurde schweigend. Um seine Argumente zu untermauern, gebrauchte Vater Richter in diesem Fall sogar ein russisches Sprichwort, das da besagte: «Wenn ich esse, dann bin ich taub und Deutscher.»[3] Doch über allem anderen stand die Arbeit. «Deutsche sind nicht wie die Russen», hörten die Kinder ihre Eltern immer wieder sagen. «Deutsche sind nicht faul, sie sind fleißig und genau.»

Natürlich ließ das zu Hause gesprochene Deutsch zu wünschen übrig. Und niemand wusste genau, ob das, was man da sagte, auch in Deutschland so verwendet wurde. Wanja erinnerte sich noch gut, wie er eines Tages von der Schule nach Hause kam und seinem Vater triumphierend mitteilte, dass das Ei als Ei und nicht als Eei ausgesprochen wird. Vater Richter blickte seinen Sohn

[3] «Kogda ja jem, ja gluch i nemetz.»

erstaunt an und fragte dann in aller Seelenruhe, ob die Deutschlehrerin eine Deutsche sei. Sie war es natürlich nicht.

«Na, dann hat sie auch keine Ahnung, mein Sohn. Und wehe, du sagst zu Hause Ei. Wir sind Deutsche, und wir sprechen Deutsch, wie unsere Väter es schon immer getan haben.»

Natürlich folgte Wanja seinem Vater nicht. Es gab genug «deutsche Ausdrücke» in der Sprache seiner Eltern, die erstaunlich russisch klangen. Wenn sie zum Beispiel eine Ziege Kos nannten. War das denn wirklich gutes Deutsch? Eher schon Russisch, heißt doch eine Ziege auf Russisch Kosa. Oder ein Glas nannte man Bantje. Das russische Banka hatte hier bestimmt Pate gestanden. Beispiele dieser Art gab es viele. Wanja traute also seinem Vater nicht. Er sagte Ei, und es gab Prügel. Bis die ersten Schallplatten aus Deutschland kamen. Freilich fand Vater Richter auch für die nun notwendigen Korrekturen eine Erklärung.

«Was immer wir falsch machen, Kinder», sagte er eines Tages, «daran sind nicht wir, sondern die Russen schuld. Sie haben uns unsere deutschen Schulen genommen, sie haben uns unsere Bücher genommen und die Beziehung zu der Heimat unterbrochen.»

Die Heimat – das war Deutschland. Nie rutschte über die Lippen seiner Eltern ein liebes Wort über das Land, in dem sie geboren waren und lebten. «Unsere Heimat ist Deutschland», dieser Satz wurde zu einer Art Glaubensbekenntnis der Familie. Und Deutschland war in jeder Hinsicht herrlich. Alles in diesem Land seiner Väter drückte Menschlichkeit aus. Und dann das Wichtigste: Deutschland war ein christliches Land. Das Land von

Martin Luther. Das Land von Menno Simons (der eigentlich ein niederländischer Friese war). Dieses Land nicht zu sehen, wäre zu viel erwartet – insbesondere für einen neugierigen Geist, wie Wanja schon immer einer war. Ja, er war neugierig. Und diese Neugierde wurde mit jeder Stunde, je näher die Abfahrt kam, intensiver.

Schließlich war es so weit. Die Richters saßen in einer Boeing der Lufthansa. Niemand konnte sie mehr zurückholen. Nach Stunden der Erniedrigungen durch die sowjetischen Zollbehörden schien jetzt alles hinter ihnen zu liegen. Der Flieger hob ab, und die Reise in eine unbekannte, völlig fremde Welt, die seine Eltern liebevoll «Heimat» nannten, begann.

Bald stand die Flugbegleiterin vor der Familie Richter. Sie war überaus freundlich und wollte wissen, was sie nun zu trinken bestellen wollten. Die Richters hatten keine Ahnung. Und Wanja kam sich schrecklich zweitklassig vor. Das Deutsch dieser Frau war total anders als das, was er bei seinen Eltern gelernt hatte. Auf ihrem Wagen standen viele Getränke. Aber wie nannte man all das? Die Familie sah sich an, und Vater sagte auf Plattdeutsch: «Ich nehme nichts.»

Auch die anderen schüttelten den Kopf. Wanja wollte ebenfalls schon abwinken, aber die Getränke sahen viel zu lecker aus. Die Freundlichkeit der Flugbegleiterin kam ihm jedoch aufgesetzt und unnatürlich vor, sogar der Duft ihres Parfums, den sie um sich verbreitete, erschien ihm unangenehm. Trotzdem bestellte er eine Pepsi-Cola. Die Stewardess verstand ihn nicht. Wanja lief rot an. Am besten hätte er doch seine Klappe gehalten. Minderwertigkeitsgefühle, die er so noch nie in seinem Leben gespürt hatte, stiegen in sein Bewusstsein.

«Diese Deutschen sind auf jeden Fall ganz anders. So paradiesisch, wie meine Eltern sich das Land ihrer Träume ausmalen, wird es wohl doch nicht sein», dachte er. Und Recht sollte er behalten.

Die Maschine landete in Frankfurt am Main. Der Flughafen nahm Wanja den Rest seines Selbstbewusstseins. Was war das für ein Flughafen! Scheremetjewo, der internationale Flughafen von Moskau, erschien ihm groß. Aber das hier war ein Monstrum. Und überall strahlten helle, ja, für seinen Geschmack gar grelle Farben. Und überall war es sauber. Klinisch sauber! Und überall lachte man und schien wie die Flugbegleiterin im Flugzeug freundlich. Das alles erdrückte Wanja förmlich.

Die nächsten Tage sollten dieses Überwältigtsein noch um vieles intensivieren. Man brachte die Neuankömmlinge, die Aussiedler, wie sie nun hießen, nach Friedland in den Kasseler Bergen, in ein Übergangszentrum für Migranten und Einwanderer aller Art. Die Richters erhielten für die sechsköpfige Familie ein Zimmer im Lager, etwas Kleingeld und ein Kleiderpaket. Auch hier roch alles anders. Auch hier war alles sauber. Auch hier strahlte alles die eine Botschaft aus: Deutschland ist besser als du.

Dann kam der Besuch bei der Caritas und die Umkleideaktion. Alle Aussiedler waren eingeladen, in die Kleiderkammer der Caritas zu kommen und sich da entsprechend einzukleiden. Es waren alles gebrauchte Kleider, aber diese waren um Welten besser als das, was die Richters in ihren wenigen Koffern mit sich aus der Sowjetunion gebracht hatten. Der Anzug zum Beispiel, den Wanja und seine Eltern kurz vor der Abreise nach Deutschland für eine astronomische Summe Geld in

Leningrad gekauft hatten und auf den er übermächtig stolz war. Nach dem Caritasbesuch hat Wanja ihn nie mehr angezogen.

Oder die Hemden. Sogar die Socken zogen Wanja magisch an. Für einen Augenblick jubelte der Materialist in ihm auf. Endlich konnte er anziehen, was immer er wollte. Endlich würde auch er wie ein Mensch aussehen. Er griff nach der einen Hose, dann nach einem Hemd, dann nach Socken.

«Nicht so hastig, junger Mann», hörte er auf einmal eine Stimme hinter sich sagen. «Nehmen Sie sich, was Sie jetzt brauchen, und gehen Sie. Da warten noch viele andere auf ihre Kleider.» Die Frau sah ganz und gar nicht freundlich aus.

«Lass ihn doch, Helga. Diese Aussiedler sind halt wie Kinder. Lass ihn.» Wanja ließ das gerade eben ergatterte Hemd wie eine giftige Schlange fallen. Mit rotem Kopf lief er aus der Kleiderkammer hinaus. Sein Gesicht brannte. Ein Gefühl der Scham schien ihm die Luft zum Atmen zu nehmen. Wie konnte er bloß? «Die Aussiedler sind wie die Kinder», hatte die Frau gesagt. Er, Wanja Richter, wurde gerade auf Kindergartenniveau heruntergestuft. Man hätte ihn mit dem gleichen Erfolg auch einen Blödian nennen können. Was für eine Erniedrigung! Und das im Land, wo angeblich Milch und Honig flossen.

Friedland sollte die Neuankömmlinge aus dem kommunistischen Staat befriedigen und zur Ruhe bringen. So hatten es sich die Väter dieses Lagers einmal gedacht. Wanja wurde dagegen innerlich zunehmend aufgewühlter. Mit jedem Tag wuchs in ihm das Gefühl, in einer total fremden, sterilen Welt gelandet zu sein. Sogar seine Verwandten, die bereits seit einigen Jahren in Deutschland wohnten und die die Richters jetzt in Friedland besuchten, kamen Wanja verändert vor. Und irgendwie arrogant. Auch in ihren Augen machten Wanja und seine Familie alles falsch. So sollte man nicht essen. Das sollte man bitte lieber anders aussprechen. Und es würde in Deutschland nicht angebracht sein, wenn man sich so und so verhielt. Man benahm sich praktisch immer daneben. Die Quittung folgte prompt: Man wurde lauthals ausgelacht.

«Diese dummen Deutschen», ärgerte sich Wanja, «sie sprechen kaum eine zweite Sprache, aber nur weil man die Worte nicht sauber ausspricht, wechseln sie zum Infinitiv.»

«Du essen wollen», hörte man sie dann sagen. Oder so.

Bereits nach wenigen Tagen lief Wanja einfach über die Felder, die das Lager umgaben, und ließ da seinen Gefühlen freien Lauf. Wollte er wirklich in einem solchen Land der Vorschriften und Verbote leben? War da Estland nicht doch menschlicher und angenehmer? Und was hatte sich Gott dabei gedacht, als er diese Umsiedlung anordnete? Und hatte er sie überhaupt angeordnet? War es vielleicht ihr eigener Wunsch nach Freiheit, das «Deutschlandfieber», das die Auswanderung erzwungen hatte? Hatte Gott ihrem Drängen nachgegeben? Wanja lief innerlich gehetzt über die Felder und schrie seinen Frust immer wieder laut in die Natur. Auch wenn niemand ihn in dieser fremden Welt zu verstehen schien – Gott verstand ihn.

«Ich weiß, du hast einen Plan mit meinem Leben. Aber warum hier? Und ist das überhaupt *dein* Wille, dass wir hierher gekommen sind?» Wanja riss immer wieder seinen Kopf nach oben und schrie sein Gebet in den grauen Himmel. Doch der Himmel schwieg. Frustriert kehrte Wanja zurück in das viel zu enge Lagerzimmer.

«Tja, Papa, unsere Heimat scheint doch nicht so ganz zu uns zu passen, was?», sagte er zu seinem Vater, der nach einem Tag von Behördenläufen müde dasaß.

«Hör bloß mit deinem Gejammer auf, mein Sohn. Ich bin erschöpft. Mir brummt der Schädel, und jetzt kommst du auch noch.»

«Wovon denn? Doch ganz bestimmt nicht von der Herrlichkeit der Heimat», sagte Wanja betont russisch und verließ das kleine Zimmer wieder. Ihm schien die Decke auf den Kopf fallen zu wollen.

Bald siedelte man sie nach Unna-Massen um. Das Übersiedlerlager Unna-Massen lag vor den Toren Dortmunds und war in sich selber als ein Dorf angelegt. Alles gab es in diesem Dorf – einen Supermarkt, eine Post, eine Bushaltestelle und sogar eine freikirchliche Kapelle. Und allem voran eine kleine Wohnung, die genug Platz für die Familie mit ihren vier Kindern bot. In diesem Lager wurden die Aussiedler nun registriert und in ihre neue Heimat eingeführt.

Die vielen Landsleute im Lager, und auch die vielen Christen, ließen Wanja wieder etwas aufatmen. Er stürzte sich gleich in die Gemeindearbeit, sang im Chor, spielte im kleinen Orchester Gitarre und Mandoline und begann, mit anderen jungen Leuten eine Jugendgruppe zusammenzustellen. «In Unna-Massen bleibt man monatelang», sagte man ihnen. Warum sollte man sich da nicht einrichten?

Doch Wanjas Begeisterung wurde bald wieder gedämpft. Eine Woche nach der Ankunft im Lager rief man ihn zu einer Besprechung ins Lageramt. Ein nett gekleideter Herr erwartete ihn.

«Sie haben im sowjetischen Militär gedient?», fragte er freundlich.

«Ich habe den Militärdienst aus Glaubensgründen verweigert», antwortete Wanja.

«Und trotzdem beließ man Sie in der regulären Einheit.»

«Ja und nein. Ich habe in einer Strafeinheit der Kompanie gearbeitet.»

«Erzählen Sie uns mal alles, was Sie so in dieser Kompanie mitbekommen haben.»

«Warum sollte ich? Ich habe verweigert, und der Militärdienst interessiert mich nicht», antwortete Wanja etwas nervös. Das freundliche Ausfragen ging ihm gegen den Strich.

«Sie sind in ein freies Land gekommen und sind damit verpflichtet, uns Auskunft zu geben.»

«Ich habe Ihnen gesagt, dass ich den Dienst mit der Waffe verweigert habe und deshalb außer Verfolgung über nichts zu berichten habe.»

«Hören Sie auf zu spinnen, junger Mann. Das hier ist ein freies Land, aber wer mit uns nicht zusammenarbeiten will, auf den können wir auch Druck ausüben. Gehen Sie nach Hause, und überlegen Sie sich genau, ob Sie nicht mit uns zusammenarbeiten wollen.»

Wanja stand auf und verließ den Raum. Das war also die berühmte Demokratie. Freiheit für alle Verfolgten.

«Dass ich nicht lache», dachte Wanja.

Er sprach über das Vorgefallene mit einigen seiner Freunde im Lager, und diese warnten ihn davor, viel über die Zeit im Militär zu berichten. «Wenn der BND dich einmal am Wickel hat, dann kannst du bald alles vergessen.» Wanja beschloss daher, stoisch und eisern zu schweigen.

Am nächsten Tag wurde er wieder ins Amt gerufen. Ein anderer Herr saß ihm gegenüber. Unumwunden sagte er, dass er ein Mitarbeiter des amerikanischen Aufklärungsdienstes sei und Wanja einladen möchte, für zwei Wochen nach Süddeutschland mitzukommen.

«Sie erzählen uns alles über die verfluchten Sowjets, die Ihnen so viel Leid angetan haben, und wir werden uns entsprechend dankbar zeigen.» Dann sprach er von der Anerkennung seiner Diplome, vom Führerschein und anderem, was Wanja alles winken würde, wenn er nur mitmachte.

Aber Wanja blieb bei seiner Entscheidung.

«Ich habe Ihnen nichts zu erzählen. Sie wissen sicher schon lange viel mehr als ich.»

«Aber Sie wurden doch geschlagen und gefoltert. Wir wollen mehr über ihre Methoden der Christenverfolgung wissen.»

«Schon möglich. Aber meine Erlebnisse habe ich mit Jesus verarbeitet und bin nicht bereit, darüber viel zu reden.»

Der Amerikaner versuchte es noch einmal. Er bot Wanja Kaffee an, dann eine Tafel Schokolade, lud ihn wieder nach Süddeutschland ein.

«Sie können sogar in die USA mit uns reisen», sagte er schließlich.

Aber nichts half. Wanja wollte nicht. Nach zwei Stunden verließ er nassgeschwitzt das Lageramt. Er ging sofort zu seinem Freund. Wenn er in den Auseinandersetzungen mit dem KGB[4] etwas gelernt hatte, dann das: immer alles sofort in die Öffentlichkeit ziehen. Er erinnerte sich noch allzu gut an die monatelangen Anwerbeversuche des KGB gleich nach seiner Absolvierung des Technikums. Immer wieder suchte ihn ein Führungsoffizier auf. Er bot ihm jegliche Zusammenarbeit an. Nach Monaten überwand Wanja seine Angst und erzählte seinem geistlichen Mentor Nikolai aus der Gemeinde von diesen lästigen Gesprächen. Nikolai hatte sofort einen Vorschlag.

«Du erzählst erstens der ganzen Gemeinde von diesen Gesprächen, und zweitens sagst du dem Offizier deine Mitarbeit zu. Aber sage ihm Folgendes: ‹Ich weiß um die Gefahr, die von imperialistischen Kräften für unser Land ausgeht. Und ich sehe es auch ein, dass diese Kräfte ausgerechnet die Kirchen für ihre Provokationen nutzen wollen. Deshalb werde ich Ihr Angebot der Zusammenarbeit mit der Staatssicherheit annehmen. Aber weil ich allein kaum etwas ausrichten kann, habe ich Ihr Anliegen unserer ganzen Gemeinde mitgeteilt, und wir wollen daher alle mitmachen. Kommen Sie bitte in die nächste Gemeindestunde, und wir werden alle einen Zusammenarbeitsvertrag unterschreiben.›»

Noch jetzt, Jahre nachdem diese Geschichte passiert war, musste Wanja bei der Erinnerung daran schmunzeln. Wie glücklich leuchtete das Gesicht des Beamten auf, als Wanja ihm die Zusammenarbeit zusagte, und wie dumm sah es aus, als er den Satz bis zu Ende gesprochen hatte.

---

[4] Sowjetisches Komitee für Staatssicherheit.

«Was hast du gemacht? Du hast der ganzen Gemeinde von unseren Treffen erzählt? Bist du denn blöd? So etwas macht man nicht.»

«Warum denn nicht?», tat Wanja damals ganz naiv. «Die Gefahr ist doch wirklich so groß, wie Sie sagen. Da sollten viele mitmachen.»

«Geh, du Dummkopf. So ein Blödmann wie du ist für unsere Zwecke nicht geeignet.»

Wanja war den Mann für immer los.

Jetzt, wo er es mit den westlichen Sicherheitsdiensten zu tun bekam, schien ihm alles in ähnlichen Bahnen zu verlaufen. Deshalb wollte er zu seinem Freund. An der nächsten Kreuzung hielt ihn ein Mann an. Er betrachtete ihn finster und sagte in gutem Russisch: «Pass auf, was du redest. Wir hören alles mit, und niemand in diesem Land kann dich vor unserer Rache schützen.» Sagte es und lief schnellen Schrittes davon.

Da hatte Wanja den Beweis. Der KGB war auch in Deutschland präsent. Und umso dringender mussten es die Christen erfahren. Wanja lief zu seinem Freund. Ihm berichtete er wortwörtlich von dem, was vorgefallen war. Und abends wiederholte er es in der Jugendstunde.

Doch die Geschichte war noch nicht zu Ende. Ein paar Tage später holte man ihn wieder in die Lagerverwaltung. Im Zimmer saß der deutsche Beamte, der Wanja beim ersten Mal auf den Dienst im sowjetischen Militär angesprochen hatte. Er wirkte wie zuvor sehr freundlich.

«Haben Sie nachgedacht, Richter?», fragte er bestimmend und fordernd.

«Ja, ich habe nachgedacht, und ich kann Ihnen kaum wirklich helfen. Genauso wenig, wie ich den Amerikanern dienen kann, die mich bereits vor zwei Tagen kontaktierten, und den Sowjets, die mich nach dem Gespräch mit dem Amerikaner gewarnt haben, hier zu viel zu sagen. Ich habe weder vor den einen noch vor den anderen Angst. Aber zu sagen habe ich nichts.»

«Sehen Sie mal hier her», führte der Beamte das Gespräch ungeachtet dessen, was Wanja soeben gesagt hatte, weiter.

Wanja schaute auf eine Karte, die vor dem Beamten auf dem Tisch lag.

«Das hier ist der Plan Ihrer Militäreinheit. Erkennen Sie ihn?»

Tatsächlich. Vor ihm lag ein genauer Plan der Militäreinheit in der Stadt Nowokuibyschewsk, in der Wanja die schrecklichsten Tage seines Lebens verbracht hatte. Da war die Kaserne, da der Übungsplatz, da die Reparaturwerkstatt, in der man ihn fast umgebracht hatte.

«Ja, das ist ein genauer Plan der Anlage der Kompanie, in der ich gedient habe.»

«Gut, Richter. Dann sagen Sie mir mal, was wurde denn hier gebaut?» Der Beamte zeigte auf einen Wasserkanal, der um die Kaserne herum angelegt war und über den man lange Zeit eine Brücke gebaut hatte. Er, Wanja, hatte noch das Geländer dafür geschweißt.

«Das ist der Wasserkanal an der Kasernenmauer. Hier wurde eine Brücke gebaut. Ich habe dafür das Geländer geschweißt.»

«Richtig, Richter. Aber warum dauerte es derart lange, eine so kleine Brücke zu bauen?»

«Weiß ich nicht. In der Sowjetunion dauerte alles lange, Und es gab immer oder auch nie einen Grund dafür. Ich jedenfalls weiß es nicht.»

«Glaube ich Ihnen, Richter. Haben Sie denn jemals

Militärjets hinter dem Wald am Rande des Flughafens, der an Ihre Kasernen grenzte, aufsteigen gesehen?»

«Habe ich. Jeder hat das. Und was soll das Ganze?»

«Die Jets waren unter Ihrer Kaserne untergebracht, Richter. Und die kleine Brücke wurde so lange gebaut, weil man über sie eine Luftzufuhr zu dem unterirdischen Hangar schuf.»

Wanja traute seinen Ohren nicht. Zwei Jahre lang hatte er auf dem Gelände einer Kaserne, die über einem strategischen Flughafen lag, gelebt. Nichts von alledem hatte er je mitbekommen. Was der Mann ihm hier erzählte, klang wie eine Geschichte aus einem schlechten Krimi.

«Ich glaube Ihnen, Richter. Sie wissen nicht viel. Gehen Sie. Die Abwehr wird Sie in Ruhe lassen. Wenn Sie allerdings Schutz gegen die Anmache der Sowjets brauchen, stehen wir Ihnen jederzeit zur Verfügung. Gehen Sie, und lassen Sie es sein, Ihre Glaubensbrüder um Gebetsbeistand gegen den BND zu bitten. Wir sind nicht Ihr Feind.»

Wanja ging. Es hatte wohl doch geholfen, dass er seine Gespräche in der Gemeinde ausgebreitet hatte. Die westlichen Geheimdienste konnten auch nichts mit Menschen anfangen, die sich apolitisch zeigten und transparent in der Gemeinde lebten. Wanja wollte jedenfalls so leben. Auch und vor allem im Westen. Wieder einmal hatte er den Beweis: Wer nichts zu verstecken hat, hat am Ende auch keinen Dreck am Stecken.

Das Ende der großen Liebe

Die Tage im Übergangswohnheim verliefen unvorstellbar langsam. An den Vormittagen gab es ein paar Verwaltungsbesuche, die jedoch auch recht bald erledigt waren, und dann wartete man auf das Wochenende in der Hoffnung auf Gäste oder auf Verwandte, die einen abholen würden, um für ein paar Tage die Neuankömmlinge zu sich zu nehmen. Die Richters hatten nicht so viele Verwandte in Deutschland. Und weder die beiden Tanten noch ihre Großmutter hatten einen Führerschein. Es war immer ein veritabler Großakt für sie, nach Unna-Massen zu gelangen.

«Hoffentlich ist das hier bald zu Ende, und ihr dürft in unsere Nähe ziehen nach Neuland», sagte Tante Nelde, die in der Regel die Besuche organisierte. Neuland lag im Süden. Wanja träumte dagegen vom Umzug nach Würzheim im Norden. Hier lebte seine Freundin Olga. Er hatte ihr seit ihrer Ankunft in Unna-Massen jeden Tag geschrieben. Olga hatte ihm dagegen nur eine Postkarte geschickt, auf der sie ihn und seine Familie in Deutschland willkommen hieß. Wanja versuchte sie anzurufen. Aber das gelang irgendwie nicht. Jetzt, nach mehr als drei Wochen bangen Wartens, hatte ihr Bruder angerufen und einen Besuch angekündigt.

Auf diese Stunde freute sich Wanja schon lange. Zwei Jahre hatte er sie nicht gesehen und auch recht wenig von ihr gehört. Es war für sie unmöglich gewesen, ihm ins sowjetische Militär zu schreiben. Aber als er dann vor einem halben Jahr entlassen wurde und es keinen Grund mehr gab, nicht zu schreiben, blieben die Briefe ebenfalls aus.

Wanja ahnte Schlimmes. Olga war nicht schreibfaul. Irgendetwas schien vorgefallen zu sein. So ohne Grund würde sie nicht aufhören zu schreiben. Hatte sie jemand anderes gefunden? Hatte sie erfahren, wie schwer Wanja im sowjetischen Militär zu leiden gehabt hatte und wie stark sein Körper in Mitleidenschaft gezogen worden war? Hatte sie Angst, einen Invaliden heiraten zu müssen? Tausende von Fragen bestürmten sein Gehirn. Jetzt, wo sie ihren Besuch angekündigt hatte, wurden diese Gedanken unerträglich.

Wanja liebte Olga über alles in der Welt. Sicher, er würde es wohl verstehen müssen, wenn sie sich angesichts seines geschändeten Körpers gegen ihn entscheiden würde. Aber wie sollte er das verkraften? Er hatte Hass und Ablehnung, Verfolgung und Folter erlebt und verarbeitet. Aber nichts schien ihm mehr zuzusetzen als der Gedanke, seine große Liebe aufgeben zu müssen. Freilich, er hatte es sich schon hundertmal gesagt: «Du darfst Olga nicht festhalten. Liebe knechtet nicht. Liebe nimmt dem Menschen den Freiraum nicht.» Nicht nur einmal hatte er mit seiner Olga von einem gemeinsamen Leben geträumt, das jedem Partner große Gestaltungsfreiräume erlaubte. «Meine Frau wird nicht einfach nur Kinder zur Welt bringen und Küchengeräte bedienen», versprach er ihr.

Jetzt, wann immer er sein Gesicht im Spiegel ansah, wurde es ihm angst und bange ums Herz. Er liebte Olga. Sie sollte den besten Mann haben, den es in der Welt gab. Und er, Wanja, war das nicht mehr. Was sollte sie mit einem so zerschundenen Kerl anfangen? Und wie lange würde ihr gemeinsames Glück dauern? Die russischen Ärzte hatten ihm nicht mehr als zwei Jahre zu leben gegeben. Eines davon ging bereits langsam auf sein Ende zu. Sollte er Olga angesichts einer so geringen Lebenserwartung überhaupt belangen? Durfte er es gar? War das christlich?

Die sowjetischen Ärzte zweifelten seine Zeugungsfähigkeit an, nach all dem, was ihm zugestoßen war. Durfte er eine Frau heiraten, mit der er eventuell nie Kinder bekommen würde? War so etwas fair? Wanja hatte Olgas Worte immer noch im Ohr: «Ich freue mich schon jetzt auf unsere Kinder, Wanja», hatte sie gesagt. Wie würde er es ihr beibringen können, dass es wahrscheinlich mit den Kindern nichts mehr werden würde? Wie nur? Diese Fragen lagen schwer auf Wanjas Gemüt.

Immer wieder malte er sich das Gespräch mit Olga aus. Aber dann übermannten ihn seine Gefühle zu ihr, und alle heldenhaften Beteuerungen verschwanden. Es dämmerte ihm, leicht würde ihm der Abschied von Olga nicht fallen. Und tief in seinem Herzen hoffte er, dass sie ihn immer noch so liebte wie damals, als sie bereit schien, trotz aller Bedenken ihrer Eltern ihr Leben mit dem seinen zu verbinden.

Wanjas Vorahnungen wurden wahr. Olga kam nach Unna-Massen und blieb keine zwei Stunden. Schon wie sie ihn und seine Familie begrüßte, machte ihre vorher gefasste Entscheidung deutlich. Keine Umarmung, kein verliebter Blick, keine Sehnsucht nach Nähe. Alles an ihr schien Distanz zu suchen.

Wanja bibberte am ganzen Körper, als er sie einlud, mit ihm eine Runde durch das Lager zu drehen.

«Ich würde mich gerne mit dir allein unterhalten», sagte Wanja kaum hörbar zu ihr. Seine Stimme zitterte, als würde er jeden Augenblick losheulen.

Olga nickte und verließ die kleine Wohnung der Richters. Wanja ging ihr hinterher. Sie kannte das Lager gut und wählte den geraden Weg aus dem Lager hinaus.

«Man muss uns ja nicht zusammen sehen», sagte sie.

«Wir haben eine Reihe Bekannter, die zurzeit auch hier sind», klärte sie den verdutzten Wanja auf.

«Warum hast du denn vor den Bekannten Angst?», wollte Wanja fragen. Aber irgendetwas hatte ihm die Zunge gebunden. Ihm wurde fast schwarz vor den Augen. Langsam folgte er seiner geliebten Freundin.

Sie gingen in die neben dem Lager liegende Siedlung. Und schon bald platzte sie heraus: «Es wird mit uns beiden nichts, Wanja.» Mit gesenktem Kopf ging sie neben ihm her. «Ich habe gehört, du hattest während deines Aufenthaltes an der Wolga eine andere.»

«Eine andere? Was redest du, Olga?» Wanja war schockiert. «Ich bin durch die sowjetische Hölle gegangen, Olga. Und du sprichst von einer anderen Frau?»

«Es ist nicht schlimm, Wanja. Du musst dich nicht rechtfertigen. Gefühle können kommen und wieder gehen.»

«Ich versteh nicht, was du redest, Olga. Ich habe dich lieb, verstehst du?»

«Versteh ich nicht, Wanja. Ich nehme es dir nicht übel. Aber so, wie du jetzt bist, kann ich unsere Beziehung nicht fortsetzen. Nichts ist mir so zuwider wie Untreue.»

Sie blieb stehen. Drehte sich dann um und ging langsam in Richtung der kleinen Wohnung der Richters zurück.

Wanja traf der Schlag. Er war unfähig, sich von der Stelle zu bewegen. Seine Freundin, seine geliebte Olga, deretwegen er seine Freiheit riskiert hatte, warf ihm Untreue vor und wollte keine Beziehung mehr zu ihm. Sie hätte ihn einen Krüppel nennen können, sie hätte ihm den Namen eines anderen Mannes nennen können, mit dem sie nun ihr Leben verbunden sehen wollte. Aber

Untreue? Nie war ihm auch nur der Gedanke gekommen, Olga untreu zu werden. Klar gab es da viele Frauen, die sich eine Beziehung mit ihm gewünscht hätten. Aber er hatte sich immer davor gehütet, auch nur einen Flirt-Gedanken zuzulassen. Und jetzt das. Seine geliebte Freundin traute ihm nicht.

Wut stieg in Wanja hoch. Wie konnte sie nur? Wer gab ihr das Recht, so zu denken? Hatte er es ihr nicht bewiesen, wie sehr er sie liebte, als er Hals über Kopf nach Moskau reiste, um sie nur noch einmal zu sehen? Sie flog nach Deutschland. Er war gefangen in den vier Wänden einer sowjetischen Strafkompanie. Konnte sie es sich nicht vorstellen, welche unmenschliche Anstrengung es ihn gekostet hatte, sich aus diesen Wänden zu befreien und dann Wunder über Wunder zu erleben, um zu ihr nach Moskau zu kommen? Wusste sie, dass er damals alles auf eine Karte gesetzt hatte? Alles. Seine Freiheit, ja sogar sein Leben. Hätte man ihn erwischt, so wäre er nicht nur als Verweigerer, sondern gleich noch als Deserteur angeklagt worden. Sechs Jahre Gefängnis und Zwangsarbeit wären dann noch die mildeste Strafe hierfür gewesen. Er hatte es riskiert. Und alles nur ihretwegen. Nein, nie hätte er so etwas von ihr erwartet. Untreu? Er, Wanja Richter, sei untreu geworden? Ihm blieben die Gedanken im Kopf stecken.

Wanja sah Olga nach. Da ging sie. Merkwürdig nach vorne gebeugt, sah sie ihrer Mutter zum Verwechseln ähnlich. Diese war schon immer gegen ihre Beziehung gewesen. «Die Mutter, Olgas Mutter, die steckt hinter all dem», kam ihm der Gedanke. Wut, blinde Wut, erfasste sein Herz. Wäre die Mutter anwesend, er hätte sie sicher angeschrien, geschlagen und womöglich noch Schlimmeres angestellt. Aber sie war nicht anwesend. Und in der Lagerwohnung wartete nur Olgas Bruder. Der war so lieb, dass er kaum einer Fliege etwas zuleide tun würde.

Nur langsam fing Wanja sich wieder. Olga war bereits weit vor ihm. Er bemühte sich nicht einmal, sie einzuholen. Sein Herz tat ihm so weh, dass er nur mit Mühe den nächsten Schritt tun konnte. Tränen würgten ihn. Aber nutzten jetzt Tränen? Das Beste, was sie bewirkten – sie spülten den Ärger hinunter.

Wanja sah Olga nach. Sie ging immer schneller, ohne auch nur ein einziges Mal anzuhalten. So, als hätte sie ein lange zuvor gefälltes Urteil vollstreckt. Und nun gab es keinen Weg mehr zurück.

Als Wanja nach ihr in die Wohnung kam, waren die Gäste bereits aufbruchsbereit. Olgas Bruder erzählte etwas von dringenden Verpflichtungen, er entschuldigte sich immer wieder für den kurzen Aufenthalt. Wanjas Eltern verstanden die Hast nicht. Immerhin war er einer der Gemeindeältesten bei ihnen in Estland gewesen. Sie hatten sich zwei Jahre nicht gesehen, und es gab viel zu berichten. Aber dieser Besuch galt offensichtlich nicht den Eltern.

«Ist dir übel?», fragte seine Mutter Wanja. «Du bist kreideweiß.»

«Ist schon gut, Mama. Mach dir keine Sorgen. Es wird schon.»

«Wanja hat seit seinem Militärdienst immer wieder mit Übelkeit zu kämpfen. Die Ärzte geben ihm nicht mehr viel Zeit zu leben», versuchte Mutter seinen Zustand zu erklären. Sie wandte sich dabei an Olga. Aber diese stand mit gesenktem Haupt da. Ihre fest zusammengepressten Lippen deuteten darauf hin, dass ihr jede

Minute im Hause Richter peinlich und unangenehm war. Beinahe überhastet verließen die beiden schließlich die Wohnung.

«Wir begleiten euch noch bis zum Auto», sagte Wanjas Vater. Er sah seinen Sohn vorwurfsvoll an, der wie angefroren im Zimmer stand und sich nicht einmal zu den Gästen begab, um diesen zum Abschied die Hand zu schütteln. Er stand da mit leeren, tränenerfüllten Augen und sah stumm auf die gegenüberliegende Wand. Wanja würdigte Olga und ihren Bruder keines Blickes mehr. Er war tief verletzt und fühlte sich dem Durchdrehen nahe.

Als Olga endlich weg war, zog sich Wanja in sein Zimmer zurück, legte sich auf sein Bett und schwieg. Tagelang. Alle Versuche seiner Familie, ihn zu trösten, waren vergeblich. Wanja sagte nichts. Er aß nichts. Er bewegte sich nicht. Nichts wünschte er sich mehr, als zu sterben. Eine tiefe Sinnlosigkeit überfiel sein Gemüt. Er war am Ende einer langen Reise angekommen. So schien es. Seine Familie ahnte, dass Olga sich von ihm getrennt hatte. Aber deswegen all die Hoffnungslosigkeit?

«Es gibt so viele gute Mädchen, Wanja», versuchte seine Mutter ihn zu trösten. Sie rang nach Worten. Ihr Sohn, der dem Wahnsinn nahe schien, tat ihr leid. «Du wirst schon eine Frau finden.»

Aber Wanja drehte sich nur zur Wand und schwieg. Er ging auch nicht mehr zur Kirche. Seine Freunde, die ihn besuchten, schwieg er genauso an. Nur nachts, wenn alle schliefen, da haderte er mit Gott. Warum, warum bloß hatte dieser ihn das Inferno in der Sowjetarmee überleben lassen? Warum bloß hatte er ihn aus der Sowjetunion herausgeführt? Wäre es für ihn nicht viel besser gewesen, für den Glauben an Jesus zu sterben, als von der so heiß geliebten Freundin der Untreue beschuldigt zu werden?

Ja, er wusste, dass an Olgas Vorwurf nichts, aber auch gar nichts Wahres dran war. Man hatte ihr sicher übel mitgespielt. Aber hatte Gott nicht alles im Griff? Sah er nicht seine Liebe und Treue? Hatte er, Wanja, nicht alles für ihn gegeben? War es für Gott so schwer, jetzt das Missverständnis bei seiner Olga aufzuklären? Sie war doch ebenso wie er seine Tochter. Sie glaubte an ihn und liebte ihn, genau wie Wanja.

Nein, Gott tat nichts. Er ließ das Missverständnis stehen. Warum sonst glaubte sie diesen ganzen Blödsinn? Warum ließ sie ihn so erbärmlich hängen? Tränen würgten ihn. Immer lauter wurden die Vorwürfe gegen Gott. Bald konnte Wanja nicht mehr beten. Nein, ihm kamen keine Zweifel an Gottes Existenz. Wanja hatte schon zu viel von Gott erfahren. Gott war da, keine Frage. Aber warum schwieg er? Warum ließ er diese enorme Ungerechtigkeit zu? Warum? In seinem Herzen zogen Groll und Ärger über Gott auf.

Die Berufung nach Neuland

Die nächsten Tage wurden zur Hölle. Wanja landete emotional in einem totalen Keller. Seine Freundin hatte ihm den Laufpass gegeben. Und sein geschundener Körper forderte seinen Tribut. Er hatte unerträgliche Schmerzen. Der Kopf schien zerplatzen zu wollen. Die Heimat, in die ihn seine Eltern gebracht hatten, erschien ihm fremd und lebensbedrohlich.

Wenn er für Momente aus seiner Lethargie herauskam und über sein mögliches Leben in Deutschland nachdachte, erschien dieses ihm unattraktiv, leer und sinnlos.

Sogar den Gemeinden, für die er sonst bereit wäre, sein ganzes Leben zu geben, gewann er nur noch wenig Positives ab. In den deutschen Gemeinden verstand er sowieso kaum etwas vom Gottesdienst. Ihm kam das Leben dieser Deutschen völlig unterkühlt vor. Und russlanddeutsche Aussiedlergemeinden gab es kaum. Nein, hier hielt ihn wahrlich nichts mehr. Er wollte nur noch zurück in die Sowjetunion. Was sollte er hier? Die sowjetischen Ärzte hatten ihm noch etwa zwei Jahre Leben «versprochen». Eines davon ging gerade zu Ende. Es machte wenig Sinn, die letzten Tage seines irdischen Daseins in einer Agonie von Fragen zu verbringen.

«Ich bleibe hier nicht, Deutschland ist kein Platz für mich. Was soll ich hier?!», schleuderte er eines Tages den Eltern seinen Entschluss entgegen.

«Das ist gut, dass du wieder redest, Wanja», freute sich seine Mutter.

«Ich bleibe nicht in Deutschland, Mutter», wiederholte er überzeugt. «Das hier ist kein Land für mich.»

«Was redest du da, mein Junge? Deutschland ist unsere historische Heimat. Hier dürfen wir endlich Deutsche sein.» Mutter Richter blickte ihren Sohn besorgt an.

«Meine Heimat, Mutter, ist die Sowjetunion. Da bin ich geboren, da bin ich zum Glauben gekommen, da will ich auch sterben.»

Die Worte ihres Sohnes schienen die besorgte Mutter so tief zu treffen, dass sie anfing zu weinen.

«Das wird sich schon legen. Olgas Entscheidung hat ihn ganz aus der Bahn geworfen. Lass ihm noch ein paar Tage. Er kommt noch zu sich», beruhigte sie im anderen Zimmer der kleinen Übergangswohnung Vater Richter.

«Nichts wird sich hier legen!», wollte Wanja seinem

Vater entgegenbrüllen. Aber seine Worte blieben ihm im Halse stecken.

Mit dem Entschluss, in die Sowjetunion zurückzugehen, kehrte Leben in Wanja zurück. Er stand auf. Nahm wieder Nahrung zu sich und suchte hier und da sogar das Gespräch. Aber sobald die Eltern ein permanentes Zuhause gefunden hatten, würde er nach Estland zurückkehren, diese Entscheidung wiederholte er immer wieder. Schließlich war er immer noch Bürger der Sowjetunion. Wer sollte es ihm also verbieten?

Die Familie ließ Wanja anfangs reden. Er kam wieder zu Kräften. Das zählte im Moment mehr als sein wirres Gefasel über die Rückkehr nach Estland. Aber mit der Zeit beunruhigte sein Ansinnen alle. Es kam zu heftigen Auseinandersetzungen. Doch Wanja blieb hart. Er versuchte dabei als liebevoller Sohn zu erscheinen.

«Du kannst deinen Eltern nicht noch mehr Leid zufügen», kam ihm der Gedanke. Dann aber schwappte die Erinnerung an Olga über ihn, und er sah nur einen Ausweg – dahin zurück, woher er kam. Dort kannte er alles. Da gab es echte Feinde der Gemeinde. Da hatte er gelernt zu leben, und da war er bereit zu sterben.

An solchen Tagen gab es Streit. Mal war es der Vater, mal die Mutter, mal waren es die Geschwister. Szenen wie diese wiederholten sich in den nächsten Tagen immer wieder. Aber alles Beschwichtigen half nicht weiter – Wanja blieb entschlossen, er wollte Deutschland wieder in Richtung sowjetischer Heimat verlassen.

Eines Tages riss Vater Richters Geduldsfaden, und er fing an, seinem Sohn die Konsequenzen aufzuzeigen und mit Gefängnis und Tod zu drohen. Wanja hörte sich Vaters Worte an und antwortete leise: «Ich muss sowieso bald sterben, Vater. Da will ich wenigstens wissen, wo und warum ich gestorben bin. Nichts ist für mich trostloser, als in diesem deutschen sozialen Kühlschrank sterben zu müssen.»

Das waren harte Worte.

«Und übrigens, Papa, ich habe schon einmal vor der Entscheidung gestanden, mein Leben für Gott zu geben. Glaube mir, es war nicht leicht. Damals ist in mir die Angst vor dem Tod gestorben. Aber das kannst du vielleicht nicht verstehen.»

In der nächsten Nacht konnte Wanja nicht einschlafen. Er betete zu Gott. Dieser schwieg wie seit Wochen. Aber Wanja hatte sich schon fast daran gewöhnt. Er wusste, der Herr hörte sein Beten, und das war im Augenblick das Entscheidende.

«Du hast zu deinem Vater gesagt, dass du bereits einmal gestorben bist, als du für Gott bereit warst, alles zu geben. Offensichtlich bist du aber nicht ganz gestorben, wenn man das Theater betrachtet, das du wegen Olga hier aufgeführt hast. Alles auf Gottes Karte gesetzt hast du wohl doch nicht. Ein Teil deines Herzens blieb bei dieser Frau. Oder?»

Wanja erschrak. Die Stimme hatte Recht. Wäre er tot gewesen, so würden seine Gefühle mit ihm nicht durchdrehen. Hätte er alles an Gott abgegeben, dann würde er dem Herrn keine Vorwürfe machen. Das tat er aber seit Wochen. War es da richtig, seinem Vater den Helden vorzuspielen? Wanja stieg die Schamröte ins Gesicht.

«Dass du Olga liebst, ist menschlich mehr als verständlich. Dass du unfähig bist, alles Gott abzugeben, ist unter Menschen kaum anders möglich. Dass du dabei aber angibst, ein besonders Treuer zu sein, das ist falsch.»

Wanja sprang aus seinem Bett. Warf sich auf die Knie und bat Gott um Vergebung. Wie wollte er zurückkehren in das Land der Verfolgung, wenn er ein geteiltes Herz hatte? Als hätte jemand ihm den Schleier von den Augen weggerissen, seinen benebelten Kopf von quälenden Fixierungen befreit. Er konnte klar sehen. Die ihm gerade eben so deutlich gekommenen Gedanken kamen von Gott. *Er* hatte ihn entlarvt. Die schlimmen letzten Wochen hatten nur deutlich gemacht, wie sündig er selbst immer noch war. Wanja wurde angst und bange. Wimmernd lag er auf dem Boden seines Zimmers und bettelte bei Gott um Vergebung.

Und Gott vergab. Nach einer Zeit des Gebets zog der Friede in Wanjas Herz. Er kannte dieses Gefühl. Nicht nur einmal hatte er sich mit seinen Sünden an Gott gewandt und immer wieder Vergebung erfahren. So auch jetzt. Dankbar legte sich Wanja ins Bett und schlief zum ersten Mal nach Wochen ruhig ein.

Am nächsten Tag suchte er seinen Freund auf. Seit Olgas Besuch hatte er ihn nicht mehr gesprochen. Dieser kam zwar immer wieder, um Wanja zu besuchen, aber Wanja hatte kein Ohr mehr für ihn gehabt. Aber ein guter Freund rechnet nicht auf. Und Heinrich war ein guter Freund. Sie kamen ins Gespräch, und Wanja erzählte ihm, was ihn bewegte.

«Das ist Gott gegenüber nicht recht», sagte Heinrich, nachdem er Wanjas lange Rede angehört hatte. «Gott hat dich die sowjetischen Mühlen überleben lassen, und das ganz bestimmt nicht, damit du hier vor lauter Liebeskummer und Selbstmitleid krepierst. Frage ihn doch deutlicher. Fange an zu fasten. Bemühe dich um seine Antwort. Du hast jetzt eine fixe Idee. Du glaubst, es würde dir helfen, wenn du in die Sowjetunion zurückkehrst. Aber ist das sein Wille?»

«War es denn sein Wille, dass wir hierher gekommen sind?», fragte Wanja zurück. «Das ganze Gerede von der historischen Heimat stinkt doch zum Himmel, wenn man einmal nach der Führung Gottes fragt. Seit wann ist eine historische Heimat, wenn es so etwas überhaupt gibt, denn so wichtig, dass Gott seine Kinder dahin bringt? Ist unsere Heimat nicht im Himmel?»

«Du hast da schon Recht, Wanja. Ich habe ähnliche Probleme mit der Begründung unserer Auswanderung. Aber was tut das schon zur Sache? Du musst *deine* Frage klären. Und die lautet nun mal ganz einfach so: ‹Wozu hat der Herr all das in deinem Leben zugelassen?› Du fragst immer wieder: Warum, warum? Wage es doch einmal, nach dem Sinn des Ganzen zu fragen. Wer solche Fragen stellt, wie du es tust, der sucht nach einem Schuldigen. Frage doch mal nach der Berufung. Vielleicht hat Gott mit dir etwas völlig anderes vor.»

Wanja fand Heinrich ungerecht.

«Ich bete doch. Ich rede ja mit ihm. Ich frage ihn jeden Tag. Und er? Er schweigt. So als wäre es ihm völlig egal, wie ich empfinde. Ich war ihm treu in der schwierigsten Lage meines Lebens. Und er kann mir jetzt nicht einmal helfen, ein Missverständnis mit meiner Freundin aus dem Weg zu räumen.»

Es war nicht schwer, den verbitterten Unterton in Wanjas Stimme herauszuhören.

«Nun spiel bloß nicht den beleidigten Hiob. Du weißt besser als ich, wie die Geschichte dieses Mannes ausgegangen ist.»

Wanja wusste es. Er kannte die Geschichte Hiobs. Zum

ersten Mal kam ihm der Gedanke, dass Gott ihn vielleicht durch diese drastische Situation vor etwas bewahren wollte. Konnte es wirklich sein, dass Olga, so lieb, wie er sie hatte, nicht für ihn bestimmt war? Konnte es sein, dass es noch nicht Zeit war, sich an eine Frau zu binden? Konnte es sein? Wie eine frische Brise zogen diese Gedanken in sein müdes Gehirn.

Wenn er ganz ehrlich war, dann konnte er nicht mit Sicherheit sagen, dass Olga ihm von Gott gegeben war. Auch früher, in der Heimat, waren ihm daran schon Zweifel gekommen. Was hatte er sich da bloß für allerlei Zeichen von Gott erbeten? Einmal bat er Gott an einem sonnigen Tag, dass es im Stadtteil, wo Olga lebte, regnen solle, falls es nun wirklich sein Wille sei, dass er Olga heiraten sollte. Und als er eine Viertelstunde später an ihrem Haus stand, regnete es in Strömen. Eine deutliche Bestätigung, würde man denken. Aber es hatte nicht lange gedauert, und die alten Zweifel waren wieder da gewesen.

Olgas Mutter war total gegen die Beziehung ihrer Tochter zu Wanja. Sie schien sich für etwas Besseres zu halten. Olgas Familie kam aus der Großstadt. Ihr Großvater war ein berühmter Evangelist. Wanja dagegen kam aus einfachen Verhältnissen, vom Land. Seine Eltern hatten sich durch gar nichts besonders hervorgehoben.

Die Ablehnung seitens der Mutter war durch eine merkwürdige Gefühlskälte von Olga selbst ergänzt worden. Und dann spürte er in ihr nur wenig Begeisterung für Mission. Er hatte sich damit getröstet, dass diese Haltung sich einmal ändern würde, wenn sie denn zusammenleben würden und der Einfluss ihrer Mutter auf ein Minimum reduziert wäre.

Ein anderes Mal, wieder einmal geplagt von Zweifeln, hatte Wanja Gott darum gebeten, Olgas Familie zu bewegen, das Haus zu verlassen. Olga solle allein zu Hause sein, in der Küche stehen und das Küchenfenster öffnen, wenn er sich ihrem Haus näherte. Wanja wusste, dieses Fenster öffnete man im Haus seiner Freundin nie. Es war so gekommen. Die Bestätigung war wieder einmal da. Jetzt, wo Wanja sich an all diese merkwürdigen Situationen erinnerte, musste er unwillkürlich lachen. Seine Freude über das eingetroffene Gebetsanliegen war damals grenzenlos gewesen. Aber die Begegnung mit Olga hatte in einem Desaster geendet. Es hätte nicht viel gefehlt, und sie hätte ihn aus ihrer Wohnung hinausgeschmissen. Es war einfach nicht ihr Tag gewesen. Und natürlich kamen ihm daraufhin die Zweifel wieder.

Wanja unterhielt sich mit Olga über diese Zweifel. Und wieder war ihre Antwort alles andere gewesen als das, was er sich wünschte. Sie hatte nur gesagt: «Wenn ich dir nicht gut genug bin, dann suche dir doch eine andere.» Über ihre Gefühle sprach sie nie.

Jetzt, da er sich an all das erinnerte, tat es ihm auf einmal weniger weh. Da schien sich eine Erklärung zu formulieren. Wie sollte sie ihm vertrauen, wenn er selbst ihr immer wieder seine Zweifel offenbart hatte? Natürlich hatte er ihr auch seine Liebe bekannt. Und natürlich hatten sie schließlich beschlossen zu heiraten. Aber die Distanz und die Unsicherheit, einander jemals wiederzusehen – all das war sicher wenig dazu geeignet, eine wackelige Liebe zu stärken.

Wie ein Blitz schossen diese Gedanken und Erinnerungen durch Wanjas Kopf. Und dann kam ihm auch die Erfahrung der gestrigen Nacht in den Sinn. «Irgendetwas muss wohl an der Sache sein. Ich bin wahrscheinlich doch einer fixen Idee auf den Leim gegangen», dachte Wanja. Diese Gedanken schienen Sinn zu ergeben und beruhigten ihn.

Dem Rat Heinrichs folgend, beschloss Wanja zu fasten und zu beten, um so herauszufinden, was Gott von ihm wollte. Er war aber fest entschlossen, nach Estland zurückzufahren, wenn er keinen besonderen Auftrag von Gott erhalten sollte, in Deutschland zu bleiben. Seine verletzten Gefühle blockierten nun sein Denken nicht mehr.

Und Gott antwortete. In der dritten Nacht seit dem Beginn des Fastens konnte Wanja nicht schlafen. Auf einmal unterbrach eine Stimme die Ruhe der Nacht. Laut und deutlich hörte er jemanden sagen: «Fahre mit deinen Eltern nach Neuland. Du sollst für mich da eine Jugendarbeit aufbauen. Sage der Gemeinde, dass sie am Tag, an dem ihr eure erste Jugendstunde haben werdet, fasten und beten sollen. Und ich werde dir zeigen, dass ich es bin, der es will.»

Wanja erschrak. Er hatte eben eine Stimme gehört, deutlich und klar. Was war das? War er dabei, seinen Verstand zu verlieren? Er hatte Gott noch nie akustisch gehört. Ihm kamen Gedanken. Gott sprach in seinen Gedanken. Er hatte Träume. Die Stimme Gottes hörte er in der Regel als Stimme aus seinem Inneren. Jetzt kam sie von außen. Es war kein Gedanke. Es war eine deutliche und laut sprechende Stimme. War es Gott? Würde Gott so reden? Konnte er ihr trauen?

Die Stimme war längst weg. Wanja lag im Bett und konnte vor Aufregung nicht einschlafen. Seine Gedanken liefen Amok.

«Nein, das kann nicht Gott gewesen sein. Wie kann Gott so etwas vorschlagen?» In Neuland, der Stadt, in der seine Großmutter lebte und in die auch seine Eltern umziehen wollten, gab es nur eine Freie Gemeinde. Es war eine Gemeinde, in der die Bibelschullehrer der Bibelschule «Licht auf dem Berg» das Sagen hatten. Ein Russlanddeutscher, der als Jugendleiter kaum zwei Worte Deutsch sprach – das konnte Wanja sich beim besten Willen nicht vorstellen. Noch beim letzten Besuch bei seiner Oma hatte ihm sein Cousin erzählt, dass ihr Jugendleiter ein Bibelschullehrer sei und dass man nur als ausgebildeter Diakon in der Gemeinde einen solchen Dienst übernehmen könne.

«Und predigen, das tun hier nur Gebildete», sagte sein Cousin nicht ohne Stolz. Nun gut, Wanja hatte zwar eine Jugendgruppe in Kohtla-Järve, seiner estnischen Heimatstadt, geleitet. Aber was besagte das schon angesichts solcher Anforderungen? Er hatte vor vielen Leuten gepredigt, und immer wieder waren dabei auch Menschen zum Glauben gekommen. Aber hier in Deutschland schienen andere Maßstäbe zu gelten.

Nein, die Stimme konnte kaum von Gott stammen. Er hatte Gott als einen logischen Führer erlebt. So etwas Verrücktes passte nicht zu seinem Herrn. «Sollte der Teufel mich geleimt haben?», kam ihm der rettende Gedanke. Er versuchte sich damit auf andere Gedanken zu bringen und schlief dann endlich ein.

Doch am nächsten Tag war alles wieder da. Die Stimme und die Worte. Immer wieder kehrten sie in sein Gedächtnis zurück. Er konnte die Gedanken einfach nicht abstellen. Auch die nächsten Tage und Wochen nicht. Wanja konnte die zu ihm gesprochenen Worte beim besten Willen nicht vergessen. Sie gingen ihm nicht aus dem Kopf. Auch nachdem ihn ein paar leitende Brüder der russlanddeutschen Gemeinden aufsuchten und ihn baten, eine Jugendgruppe in Norddeutschland zu übernehmen, konnte er nicht zusagen. Er war wie gelähmt. Aber immerhin: Mit dem Rätsel um die Echtheit der Stimme schwanden seine zermürbenden Gefühle in Bezug auf Olga und ihre Absage. Es ging wieder um Leben. Es ging wieder um einen Auftrag. Es ging wieder um Gott. Und Gott sprach zu ihm. Wenn es denn Gott war. War es Gott? Trotz des Zweifels wuchs in Wanja die Spannung.

Und dann löste der Herr das Rätsel. Ein Bruder, der in Estland zu der gleichen Gemeinde gehört hatte, erschien eines Tages bei den Richters im Übergangswohnheim in Unna-Massen zusammen mit dem Ältesten aus der Freien Gemeinde in Neuland. Der Älteste bat Wanja, nach Neuland zu kommen und dort eine Jugendarbeit für Aussiedler aufzubauen.

«Wir glauben», sagte er, «der Herr Jesus will das.»

Überrascht von einem solchen Angebot, erzählte Wanja den Brüdern die Geschichte mit der Stimme. Sofort erkannten sie darin Gottes Ruf an ihn.

«Unsere Gemeinde wird fasten und beten am Tage, wenn ihr die erste Jugendstunde beginnt», sagte der Älteste zu. Wanjas plagende Fragen waren im Nu weg. Ein tiefer Friede legte sich auf seine Seele. Gott hatte gesprochen. Er spürte es.

Zu Beginn des Sommers zogen sie nach Neuland. Und schon im Juli versammelte er die russlanddeutschen Jugendlichen an einem Donnerstag zur Jugendstunde. Die Gemeinde unterstützte dieses Vorhaben im Gebet. Sie kamen in einem Wohnzimmer zusammen. Nicht nur Russlanddeutsche erschienen. Sogar einige Türken folgten der Einladung. Im engen Wohnzimmer saßen schließlich etwa vierzig Jugendliche, die allermeisten von ihnen noch ohne jede Beziehung zum christlichen Glauben.

Das war eine Stunde! Noch nie zuvor hatte Wanja so viel inneren Kampf um Worte erlebt wie hier. Nichts wollte gelingen. Wanja und seine Schwestern versuchten zu singen – es klappte natürlich nicht. Die Jugendlichen kannten ihre Lieder nicht. Dann versuchte er zu predigen – die Jugendlichen reagierten darauf mit Spott. Es war zum Verzweifeln.

Am Ende dieser ersten Stunde war er zutiefst überzeugt: Das hier konnte nicht von Gott sein. Er war offensichtlich dem Teufel auf den Leim gegangen. Wie sonst sollte er sich das hier erklären? Es war das reinste Spießrutenlaufen, aber doch kein Dienst für den Herrn! Völlig verzweifelt rief er am Ende der Stunde in die Runde: «Wenn jemand Jesus sein Leben geben will, so komme er her zu mir, knie sich nieder und gebe Jesus sein Leben.» Er war der festen Meinung, keiner würde kommen. Alle lachten. Doch dann erhob sich ein lang gewachsener junger Mann aus den hinteren Reihen, schob sich nach vorne und fiel direkt vor Wanja auf die Knie. Weinend bat er Jesus um Vergebung seiner Sünden. Auf einmal schwieg die Menge. Wanja war so getroffen von dem Ganzen, dass er erst gar nichts mehr sagen konnte. Dann aber betete er voller Freude für den jungen Mann.

Peter, so hieß der Frischbekehrte, war der erste. Innerhalb weniger Wochen entschlossen sich fast vierzig junge Leute, Jesus als ihrem Herrn zu folgen. Gott hatte sein

Wort gehalten. Und Wanja hatte seinen Beweis – sein Platz war hier in Deutschland.

Der Weg in die Bibelschule

Die Sommermonate 1976 waren prall gefüllt mit Erfahrungen der Gegenwart Gottes. Gott schien allgegenwärtig. Was immer Wanja anpackte, schien zu gelingen. Und es machte Spaß. Wiederholt kamen Menschen zum Glauben. Und der Evangelist in Wanja vergaß alles, was sonst noch um ihn herum geschah. Das Bibellesen machte ihm besonders viel Freude. Jetzt, wo er zunehmend mehr Deutsch verstand und die russischen mit den deutschen Bibelübersetzungen vergleichen konnte, entdeckte er völlig neue Zusammenhänge. Und die Predigten der theologisch gebildeten Lehrer in der Gemeinde eröffneten weitere Horizonte.

Wanja war arbeitslos und hatte Zeit. Stunde um Stunde verbrachte er mit der Bibel in der Hand. Eines Tages, als er im Propheten Jesaja las, traf ihn ein Wort aus dem Kapitel 42,1–9. Langsam las Wanja die Worte des Propheten: «Siehe, das ist mein Knecht – ich halte ihn – und mein Auserwählter, an dem meine Seele Wohlgefallen hat. Ich habe ihm meinen Geist gegeben; er wird das Recht unter die Heiden bringen. Er wird nicht schreien noch rufen, und seine Stimme wird man nicht hören auf den Gassen. Das geknickte Rohr wird er nicht zerbrechen, und den glimmenden Docht wird er nicht auslöschen. In Treue trägt er das Recht hinaus. Er selbst wird nicht verlöschen und nicht zerbrechen, bis er auf Erden das Recht aufrichte; und die Inseln warten auf seine Weisung. So spricht Gott, der Herr, der die Himmel schafft und ausbreitet, der die Erde macht und ihr Gewächs, der dem Volk auf ihr den Odem gibt und den Geist denen, die auf ihr gehen. Ich, der Herr, habe dich gerufen in Gerechtigkeit und halte dich bei der Hand und behüte dich und mache dich zum Bund für das Volk, zum Licht der Heiden, dass du die Augen der Blinden öffnen sollst und die Gefangenen aus dem Gefängnis führen und, die da sitzen in der Finsternis, aus dem Kerker. Ich, der Herr, das ist mein Name, ich will meine Ehre keinem andern geben noch meinen Ruhm den Götzen. Siehe, was ich früher verkündigt habe, ist gekommen. So verkündige ich auch Neues; ehe denn es aufgeht, lasse ich's euch hören.»

Wanja las die Worte. Sie sprachen ihn an. Aber im Unterschied zu seinem sonstigen Bibellesen schien sich etwas Bemerkenswertes um ihn abzuspielen. Für einen Augenblick schien er den Eindruck zu haben, dass er nicht einfach ein Kapitel las. Nein, das gelesene Wort schien sich in einer merkwürdigen Weise vom geschriebenen Text zu lösen und zu ihm zu sprechen, und zwar so, als würde er mit jemandem telefonisch reden.

«Das ist ein Wort für dich», schien er tief in seinem Inneren eine Stimme zu vernehmen.

Wanja wurde unruhig. Ein Wort für ihn. Ganz persönlich für ihn. Aber doch nicht dieses. Er las den Abschnitt noch einmal. Dann noch einmal. Die Worte ergaben Sinn. Er verstand den Inhalt. Diesen Inhalt jedoch auf sich selbst zu beziehen, das schien doch erheblich zu weit zu gehen. War das nicht ein Wort über Jesus? Sollte nicht er die Völker zu Gott führen, die ganze Welt mit sich selbst versöhnen? Aber er, Wanja Richter, als Evangelist für viele Völker? Er, Wanja Richter? Zwei Jahre Lebenserwartung hatten die Ärzte ihm gegeben. Sein Körper war lädiert, er war gerade aus der Sowjetunion in die ihm so fremde westliche Welt gekommen. War da Raum, von einer wie auch immer gearteten Evangelisation unter vielen Völkern zu träumen?

Aber je länger Wanja das Wort in seinem Herzen bewegte, desto deutlicher schien er einen inneren Ruf zu vernehmen. Der Herr wollte ihn für die Evangelisation vieler Völker gebrauchen. Er konnte es sich zwar überhaupt nicht vorstellen, wie das vor sich gehen sollte, aber die Erfahrung seiner Berufung und damit verbunden die Herausforderung, in Deutschland bleiben zu dürfen, hatte ihm Mut gemacht. Gott würde es schon richten. Nur eines stand fest: Er war überhaupt nicht darauf vorbereitet, Gott im Westen zu dienen. Weder seine mangelnden Sprachkenntnisse noch die fehlende theologische Vorbildung ließen es zu, an einen effektiven Dienst zu denken. Wanja musste lernen. Sollte er folglich auf eine Bibelschule gehen?

«So eine Dummheit», dachte er, «du hast ja nicht mehr als ein weiteres Jahr zu leben. Was willst du in der Bibelschule? Mehr als klug zu sterben wird daraus nicht.»

Die Gedanken erschreckten ihn. Aber dann waren da noch andere Gedanken.

«Und was, wenn Gott mich heilt? Was, wenn er den Plan für mich hat, dass ich länger, als die Ärzte vorhergesagt haben, leben soll? Was, wenn ich tatsächlich eines Tages zu den Völkern dieser Welt gehen darf? Was, wenn ich jenes geknickte Rohr bin, dass er *nicht* brechen lässt?»

Solche Gedanken ermutigten ihn. Sie weckten Hoffnung und Lebensfreude.

Tagelang ging Wanja mit diesen Gedanken herum. Wie eine zum ersten Mal im Leben schwanger gewordene

Frau, die noch nicht weiß, welches Kind sie unter ihrem Herzen trägt und was eine Schwangerschaft alles mit sich bringt, freute er sich auf ein mögliches Studium und hatte zugleich Angst davor.

Wanja sprach mit seinen Freunden. Auch hier waren die Reaktionen unterschiedlich. Nur eines war eindeutig: Jeder von ihnen sah die Hand Gottes über Wanjas Leben.

Ende August 1976 stand der Entschluss, der in ihm gereift war, fest. Er sollte zur Bibelschule gehen. Die Frage, wohin, stellte sich für ihn erst gar nicht. Gott hatte ihm gerade einen wunderbaren Dienst unter Jugendlichen anvertraut. Unmöglich konnte er jetzt schon wieder weiterziehen. Ihm blieb nur die Bibelschule vor Ort, und das war die Missionsschule «Licht auf dem Berg».

Wanja erkundigte sich. Der Hausvater der Bibelschule, der zugleich auch Ältester der Freien Gemeinde in Neuland war, klärte ihn auf. Man müsste sich im Februar anmelden, wenn man im Herbst an der Bibelschule beginnen wolle. Jetzt sei es längst zu spät.

«Und dein Deutsch lässt ja auch zu wünschen übrig», sagte er. «Wie willst du verstehen, was die Lehrer sagen? Wie willst du die schriftlichen Aufgaben erledigen? Du hast doch nie wirklich Deutsch gelernt.»

Wanja hatte wirklich kaum Sprachkenntnisse. Die wenigen Brocken Deutsch genügten nicht, um akademisch arbeiten zu können.

«Kann durchaus sein. Du hast ja auch Recht. Aber Gott hat geredet. Da wird er auch eine Lösung finden, oder?», antwortete Wanja. «Kannst du mir trotzdem helfen, meine Bewerbung abzugeben?» Irgendwie war Wanja sicher, man würde ihn trotz seiner fehlenden Deutschkenntnisse nehmen.

Etwas ungehalten ob seines Drängens, füllte der Hausvater Wanjas Bewerbung aus und schickte sie an die Bibelschule.

«Vielleicht kommst du nächstes Jahr dran», versuchte er Wanja zu trösten. «Die Schule kostet ja auch viel Geld. Wie gedenkst du, deine Studiengebühren zu bezahlen?»

«Daran habe ich noch gar nicht gedacht. Muss man denn für ein Studium zahlen? In der Sowjetunion hat der Staat uns Studenten Stipendien gezahlt. Da musste niemand für die Schule bezahlen.»

«Es ist hier ähnlich, Wanja. Aber eine Bibelschule ist keine staatliche Einrichtung. Sie wird von Gläubigen getragen, und so müssen auch die Studenten einen Teil der Ausgaben übernehmen.» Der Hausvater nannte dann die Höhe der Studiengebühren. Es war eine unvorstellbar hohe Summe für Wanja.

«Das kann ich nicht bezahlen.»

«Dann kannst du auch nicht angenommen werden.»

«Aber wenn Gott beruft, dann hat er sich doch bestimmt auch in dieser Hinsicht etwas überlegt, oder?»

«Das wird wohl so sein, Wanja. Mach dir bloß nicht zu viele Hoffnungen. Für dieses Jahr hat man bereits alle Studenten beisammen. Es würde einem Wunder gleichkommen, wenn deine Unterstützung zusammenkommt, ein Platz für dich frei wird und man dich trotz deines schlechten Deutschs annehmen würde.»

«Wenn es kein Wunder gibt, dann ist es auch nicht für mich», antwortete Wanja fröhlich.

Ihm gefiel der Satz mit dem Wunder. Sein Gott war ein Gott der Wunder. Wie sonst wäre er, Wanja, so weit gekommen? Studieren, wenn Gott ein Wunder tut – das klang richtig. «Ich werde auf ein Wunder warten, Bruder.

Und danke noch einmal für deine Hilfe. Wenn ich angenommen werde, dann sehen wir uns öfter.»

«Täglich, Wanja, täglich. Aber erst musst du aufgenommen werden.»

Gott wollte, dass Wanja trotz aller menschlichen Logik und aller Bedenken angenommen wurde. Er hatte zwar kein Geld, um das monatliche Schulgeld zu bezahlen. Auch hatte er sich viel zu spät angemeldet. Des Weiteren hatte er keine Vorgespräche mit den verantwortlichen Brüdern der Bibelschule geführt. Und trotzdem wurde er schließlich angenommen. Ein anderer Bewerber hatte sich kurz vor Beginn des Schuljahres abgemeldet, just nachdem Wanjas Bewerbung auf dem Tisch des Schulleiters gelandet war. Und ein Sponsor meldete sich nur wenige Tage, nachdem die Bewerbung in der Schule angekommen war, und sagte die vollständige Übernahme der Schulgebühren für Wanja Richter zu. Auch Wanjas Deutsch erschien dem Schulleiter recht passabel.

Man nahm ihn an. Ob es den verantwortlichen Brüdern dabei mehr als mulmig ums Herz gewesen war? Wanja konnte es nur ahnen. Ihm jedenfalls war es mulmig zumute. Er sprach kaum Deutsch, und verstehen konnte er auch nur jedes dritte oder vierte Wort. Wie sollte er lernen? Wie sollte er seine Prüfungen schreiben? Woher sollte er das monatliche Schulgeld nehmen? Natürlich wusste er das alles nicht. Er wusste nur besser als je zuvor: Gott wollte ihn in der Bibelschule. Und Wanja tat, was er von ihm verlangte. Nicht mehr, aber auch nicht weniger.

– 2. –
Studieren setzt einiges voraus

An einen Studienplatz kommt man normalerweise nur, wenn man bestimmte Bedingungen erfüllt. Das kannte Wanja noch aus der Sowjetunion. Ohne ein entsprechendes Reifezeugnis brauchte man sich beispielsweise gar nicht erst zu bewerben. Und dann gab es Einstiegsprüfungen. Nur die Besten wurden genommen. Aber was sind wohl die Aufnahmebedingungen für ein Studium an einer Bibelschule?

Wanja war jedenfalls erstaunt, wer da alles mit ihm zusammen angenommen wurde. Die wenigsten hatten Abitur. Die meisten hatten eine Lehre hinter sich. Und was es da alles gab – Krankenschwestern, Mechaniker, Bauern und sogar einen Schornsteinfeger. Intellektuell sahen die wenigsten aus. Dafür aber merkwürdig. Die Rita beispielsweise. Sie hängte sich gleich beim ersten Treffen an Wanja. Und als er ihr deutlich die kalte Schulter zeigte, fand sie bald einen anderen in der Gruppe.

Oder Holger. Er war erst wenige Monate Christ. Unverheiratet, dafür aber mit viel Frauenerfahrung. Schon nach drei Wochen kam eine der Schwestern tränenüberströmt in die Klasse und sagte offen, dass der Holger ihr angeboten habe, mit ihr zu schlafen. Erst als man ihm klarmachte, dass wiedergeborene Christen keinen freien Sex praktizieren, tat er Buße und ließ es sein, Frauen zu belästigen.

Und dann war da Jens. Sein Vater und zwei seiner Onkel waren Pastoren. Auch er hatte vor, Pastor zu werden. Leider hatte er keinen Studienplatz an dem Seminar seiner Kirche erhalten. Deshalb war er jetzt auf dem «heiligen Berg» der Bibelschule. Er sagte seinen Mitstudierenden gleich am ersten Tag, dass er jede Art von Gesetzlichkeit ablehne und dass man ihn deshalb bitte so zu nehmen habe, wie er war. Jens hatte schulterlanges Haar. Er rauchte Pfeife und ließ davon sogar während der Gebetsgemeinschaften nicht ab.

Natürlich gab es auf der Bibelschule auch einige recht «normale» Menschen. Sie sprachen entweder ganz wenig oder einen so schwierigen Dialekt, dass Wanja Mühe hatte, sie zu verstehen. Der Schweizer Armin zum Beispiel. Wanja gefiel sein direktes und doch immer auf Harmonie bedachtes Vorgehen. Oder der Olaf aus Ostfriesland. Er war sehr lieb, und es dauerte nicht lange, bis seine ostfriesischen Witze zur Standardunterhaltung in den Pausen zwischen den Vorlesungen gehörten.

Erstaunt war Wanja auch über die Vielfalt der Gemeinden und Kirchen, die seine Mitstudierenden besuchten. Manche Kirchenbezeichnung hatte er noch nie im Leben gehört. Hier bei «Licht auf dem Berg» wurden offensichtlich alle genommen, die die Bibel studieren wollten.

«Das wird ja lustig», resümierte Wanja nach der ersten Unterrichtswoche. «Viele sind jung im Glauben, haben wenig Allgemeinbildung und sind kaum in der Bibel bewandert, und mit diesen Menschen soll ich die Bibel studieren? ...» Ihm kamen Zweifel. Aber Gott hatte ihn hierher gebracht. Deshalb blockte Wanja die aufkommenden Zweifel im Ansatz ab. Wenn der Herr wollte, dass er mit diesen Menschen zusammen lernte, dann sollte es eben so und nicht anders sein.

«Ihr alle seid auf die eine oder andere Weise von Gott berufen worden, an dieser Schule zu studieren. Wenn ich mir den bunten Strauß so ansehe, dann kommen mir schon Fragen, wie das wohl sein wird mit euch als Bibelstudiumsklasse», leitete der Klassenlehrer die erste Stunde ein.

«Der sieht es auch schon», freute sich Wanja.

«Aber diese Gedanken kommen uns jedes Jahr. Und wir staunen, was Gott Jahr für Jahr aus den Menschen macht, die er uns gibt. Ich bin jedenfalls jetzt schon gespannt. Ihr werdet gerade im ersten Jahr viel lernen müssen und so manches nachholen, was ihr eigentlich zu einem solchen Studium mitbringen müsstet.»

«Mir fehlt nicht viel», kam Wanja der Gedanke. Aber schon bald stellte er fest, dass auch er wesentliche Lücken hatte. Er war schlecht geeignet, an der Bibelschule zu studieren. Gott musste ihn erst entsprechend umpolen.

Ohne Sprache kein Lernen

Die Bibelschule «Licht auf dem Berg» wurde Anfang des zwanzigsten Jahrhunderts extra für den theologischen Nachwuchs in Russland gegründet. Besorgte Leiter deutscher evangelischer Gemeinden aus dem Russischen Reich baten damals Vertreter der Evangelischen Allianz darum, in Deutschland eine Bibelschule für ihre zukünftigen Evangelisten und Prediger zu gründen. In Russland schien ein solches Vorhaben nicht realisierbar. Und so kamen die meisten der ersten Schüler jener neu gegründeten Schule aus Russland. Wanja wusste nichts über die Geschichte der Schule und ihre Verbindung mit Russland. Doch gleich zu Beginn des Studiums wurde ihm seine besondere Rolle deutlich.

«Du bist nach Jahrzehnten wieder einmal jemand aus Russland, der zur Schule gekommen ist», sagte der

Schulleiter nicht ohne Stolz zu Wanja. «Viele Russen haben hier studiert. Alle sind durchgekommen. Da wirst du sicher auch nicht hinterherstehen.»

«Tut mir leid, Bruder, ich komme aus Estland und nicht aus Russland. Und ein Russe bin ich auch noch nie gewesen», unterbrach Wanja den Schulleiter.

«Ach, für uns sind alle Menschen aus der Sowjetunion einfach Russen. Das sagt man hier halt so», lachte der sonst immer so korrekte Mann.

«Aber gerade deswegen haben doch meine Eltern das Land verlassen. Sie wollten eben nicht Russen werden. Hätten sie das gewollt, so hätten sie auch gleich in der Sowjetunion bleiben können.»

«Ich wollte dich nicht verletzten, Wanja. Wir freuen uns jedenfalls, dass du bei uns bist.»

Die Worte des Schulleiters taten Wanja gut. Und sie ermutigten ihn. Überhaupt schienen alle hier nur damit beschäftigt zu sein, Wanja den Alltag an der Schule leicht zu machen. Aber einfach war es trotzdem ganz und gar nicht. Wanja verstand schlicht und einfach zu wenig. Die erste Woche wurde grauenhaft. Er war allen Ernstes am Überlegen, ob er nicht doch besser erst Deutsch lernen sollte, um dann sein Studium fortzusetzen.

«Einen Versuch können wir ja noch machen, Wanja», schlug ihm eines Tages der Studienleiter vor. «Wir beten für dich. Gott, der den Menschen die unmöglichsten Sprachen zugemutet hat, kann dir doch ganz bestimmt helfen, unsere deutsche Sprache schnell zu erlernen. Du bist ja nicht allein. Agop, unser armenischer Bruder aus der Türkei, versteht ja auch recht wenig. Ich schlage vor, wir beten für euch beide gleich morgen in der Andacht.»

«Einverstanden. Ich glaube, Gott kann mir nicht nur

die Fähigkeit geben, die Sprache zu erlernen, sondern auch gleich das beste Deutsch, das je gesprochen wurde.»

«Na, dann wird er sicher deinem Glauben gemäß handeln. Aber übermütig solltest du doch nicht werden. So kann man auch im Handumdrehen zum Charismatiker werden.»

Der Studienleiter spielte sicher auf Wanjas harte Sätze gegen die Pfingstler und Charismatiker an, die dieser gleich zu Beginn der Schulzeit zum Besten gegeben hatte. Er schmunzelte dabei.

«Eine solche Gefahr ist beschlossen», antwortete Wanja sicher.

«Du wolltest sicher sagen *ausgeschlossen*, Wanja. Der Unterschied ist sonst wirklich groß.»

Er lachte.

Wanja lief rot an. Diese Sprache. Es war doch seine Muttersprache. Warum gelang es ihm denn nicht schneller, weniger Fehler zu machen? Nein, ohne Sprache konnte er sein Studium unmöglich fortsetzen. Nicht nur verstand er recht wenig. Schon bald sollte er vom Deutschen ausgehend Griechisch und Hebräisch lernen. Wie sollte so etwas möglich werden? Er beherrschte die eine Sprache nicht, und wie dann gleich zwei weitere?

Langsam dämmerte ihm, was der Hausvater gemeint hatte, als er seinen Antrag kopfschüttelnd ausgefüllt hatte. Der wird gewusst haben, wie schwer ein Studium ist, wenn man nicht wirklich versteht, was die Lehrer sagen. Aber was sollte Wanja tun? Jetzt war er auf der Schule. Zurück war er in seinem Leben noch nie gelaufen. Sollte er den Rückwärtsgang einlegen? Was würden dann all diejenigen sagen, denen er von seiner Berufung und den Wundern berichtet hatte, dank denen er auf diese Bibelschule gekommen war? Was würden seine Jugendlichen denken, die gerade zum Glauben gekommen waren und nun auch an seinem Beispiel lernten, Gott zu vertrauen? Nein, so einfach aufhören ging nicht.

Am nächsten Morgen berichtete der Studienleiter der versammelten Schule von dem Sprachproblem der beiden Schüler.

«Natürlich können wir Wanja und Agop empfehlen, die Schule für ein Jahr auszusetzen und erst einmal die deutsche Sprache zu lernen. Aber jetzt sind sie nun mal bei uns. Wir können ja Gott bitten, ein Wunder zu tun, das Unmögliche möglich zu machen und den Prozess des Erlernens der Sprache um ein Mehrfaches zu beschleunigen.»

Die Worte des Schulleiters klangen einfach und überzeugend. Und auch die Schüler schienen Gott so etwas zuzutrauen. Und so beteten die Lehrer für Wanja und seinen türkischen Kommilitonen.

Schon am nächsten Tag glaubte Wanja, mehr zu verstehen. Jedenfalls war die Angst vor der Sprache weg. Wanja fing einfach an zu sprechen. Ob die Schüler ihn verstanden oder nicht, ob sie wegen seiner recht komischen Aussprache schmunzelten oder nicht. Und wenn er bei der Beantwortung der schriftlichen Fragen der Dozenten sprachlich nicht weiterwusste, füllte er die Lücken einfach auf Russisch aus. Was er sich dabei wohl dachte? Niemand von den Dozenten verstand auch nur ein Wort Russisch. Aber sie schienen Wanjas Kreativität zu belohnen, und seine Noten wurden immer besser.

«Es ist ja klasse, wie Gott mir das Ohr für diese Sprache öffnet», dachte Wanja, nicht ohne Stolz über den Herrn, für den Sprachbarrieren offenbar keine Grenzen darstellen. Und auch seine Lehrer staunten. Von einer Sprachschule war nun kaum noch die Rede.

«Wir versuchen dich in den Sommerferien in einem Kurs unterzubringen, Wanja», sagte der Schulleiter nach dem Ende des ersten Semesters. Deine Sprachkenntnisse entwickeln sich so gut, dass ich nun keinerlei Bedenken mehr habe, dich auf der Schule zu lassen. Du wirst es schaffen.»

Aber Deutschkenntnisse sind bei weitem nicht alles, was ein Bibelschüler mitbringen muss, wenn man in Deutschland die Bibel kennen und kommunizieren lernen will. Auch wenn man die Sprache so gut beherrscht, dass man eigentlich jedes Wort versteht und jeden Sachverhalt in Worten formulieren kann, ist es noch lange nicht selbstverständlich, dass man auch ein guter Prediger wird. Sprache hat mehrere Facetten. Wer Worte versteht, versteht noch lange nicht Konzepte, und wer Konzepte verstanden hat, kann sie noch lange nicht so weitergeben, dass die Hörer auch genau das verstehen, was gesagt wird.

«Unser ganzes Studium ist ein Sprachstudium, Wanja. Du wirst immer ein Student der Sprache bleiben, wenn du ein guter Botschafter des Evangeliums werden willst. Stelle dich schon einmal darauf ein. Es sind noch viele Grenzen zu überwinden.»

Die Worte seines Lehrers für Evangelisation sollten sich für immer in Wanjas Bewusstsein brennen.

Natürlich erlebte Wanja eine Menge Kuriositäten. So wurde er eines Tages nach einem Gebetsanliegen gefragt, und Wanja, geplagt von starken Kopfschmerzen, bat die Mitschüler, für ihn zu beten, indem er sagte: «Ja, bitte betet für mich. Ich habe große Wehen.» Oder wenn er plötzlich vorschlug, alle sollten mit ihm ihre Köpfe knien. Alle lachten und beteten nachher desto fleißiger für ihn. Er verwechselte Verstand und Gehirn, Hammel- und Gammelfleisch, verlegen und einlegen, umlegen und anderswo hinlegen, Fahrstuhl und Stuhlgang. Seine Mitschüler konnten sich nur mit großer Mühe das Lachen verkneifen, wenn er vor der versammelten Mannschaft Gott darum bat, seinen Glaubensgeschwistern doch bitte ein Gehirn zu geben, um auch die Dinge zu verstehen, die sie im Unterricht hörten. Oder wenn er auf einmal allen mitteilte, dass er seine Bücher bei den Eltern eingelegt habe und deshalb, leider, sich nicht entsprechend auf den Unterricht hatte vorbereiten können. Dabei hatte er sie einfach bei den Eltern verlegt und fand sie nicht gleich.

Es wurde zu einem stehenden Witz an der Schule, als Wanja eines Tages nach einem Wochenende mit der Jugend mit einer dicken Beule in die Schule zurückgekehrt war. Gefragt, was denn passiert sei, antwortete er völlig unbeschwert: «Ich habe leider in der Freizeit mit einem Baum gebumst.» Die ganze Schule bog sich vor Lachen. Nur Wanja stand da und begriff die Welt nicht mehr. Er hatte wahnsinnige Kopfschmerzen, und statt ihn zu bedauern, lachten sie ihn lauthals aus. Doch allen Kuriositäten zum Trotz verbesserte sich sein Deutsch von Tag zu Tag. Gott, der die Sprachverwirrung in dieser Welt zugelassen hatte, war dabei, in Wanjas Kopf wieder etwas mehr Sprachklarheit zu schaffen.

Halbblinde haben es schwer

Jedes Studium ist anstrengend. Bibelstudium ist es auch. Es verlangt von einem Studierenden große mentale Fähigkeiten. Erst recht, wenn man, wie Wanja, sich anschickt, das Studium in einer fremden Sprache zu bewerkstelligen. Doch dafür hat ja der gute Herr uns Menschen den Verstand gegeben. Und Wanja war immer ein guter Schüler gewesen. Hätte er das Studium in seiner Alltagssprache, in Russisch, absolviert, wäre es ihm wahrscheinlich bald als Unterforderung vorgekommen. Aber jetzt verlangte es von ihm viel Kraft.

Wenige Wochen nach dem Beginn seines Studiums meldete sich sein lädierter Körper. Er hatte nur noch ein funktionierendes Auge. Bei dem Mordanschlag in der sowjetischen Armee hatte er sein Sehvermögen auf dem linken Auge komplett verloren. Die tagtägliche Konzentration auf die Lektüre verursachte jetzt unvorstellbare Kopfschmerzen. Manchmal konnte Wanja nur mit großer Mühe den Lehrer vorne am Pult erkennen. Aus Angst, nun doch von der Schule gewiesen zu werden, schwieg er über seine Probleme. Nur hie und da bat er ein paar Freunde, für ihn zu beten.

Schon bald nach seiner ersten Erfahrung mit Gottes Eingreifen im Bezug auf die deutsche Sprache erlebte Wanja ein nächstes großes Wunder. Gott tat das scheinbar Unmögliche und heilte sein erblindetes Auge. Er war als Halbblinder aus der Sowjetunion nach Deutschland gekommen. Sein linkes Auge war ja wie abgestorben. Alle Versuche, das Auge zu revitalisieren, waren gescheitert, obwohl Wanja an der Universitätsklinik in der Stadt Kuibyschew an der Wolga durch höllische Prozeduren gegangen war. Auch die ersten Untersuchungen in Deutschland hatten keine Hoffnung aufkommen lassen. «Ihr Auge ist tot und kann nicht mehr gerettet werden», hatten ihm auch hier die Ärzte bescheinigt.

Überglücklich machte Wanja in den ersten Monaten

seines ersten Bibelschuljahres seinen Führerschein, obwohl man ihm dabei sein Augenproblem bestätigte. Die Fahrprüfung fiel mit dem Ende des ersten Semesters in der Bibelschule zusammen. Seine Mitschüler beteten fleißig für ihn. Und Wanja bestand die Prüfung.

Als er eine Woche danach von einem Treffen mit dem Mitarbeiterkreis seiner Jugendgruppe kam und durch die Stadt fuhr, passierte es. Eine lästige Fliege zwang ihn an einer Ampel, das gesunde Auge zuzukneifen. Zu seiner großen Überraschung sah er die Ampel. Völlig überrascht öffnete er sein gesundes Auge wieder, um es dann erneut zuzukneifen, und tatsächlich – sein noch vor wenigen Tagen völlig totes Auge sah. Nein, man hatte nicht besonders für ihn gebetet. Er hatte sich längst damit abgefunden, dass er seine weiteren Jahre und Jahrzehnte mit nur noch einem Auge leben müsste. Und dann dies. Sein ganzer Körper zitterte vor Aufregung, als er nach der Ampel seinen Wagen anhielt und immer wieder das lädierte Auge auf- und zumachte. Er sah! Es gab keinen Zweifel mehr daran. Wanja sah!

«Ich will dir offene Augen geben, Wanja. Augen, die sehen, wo andere nichts sehen», hörte er eine Stimme in seinem Inneren. Gott! Es war Gott. Gott hatte ihn geheilt. In der Bibelschule angekommen, überschlugen sich seine Worte, als er den Glaubensgeschwistern von seinem gerade erlebten Segen zu berichten versuchte. Deutsche und russische Worte mischten sich zu einem begeisterten Kauderwelsch.

«Du bist offenbar sehr glücklich, Wanja», sagte eine seiner Mitschülerinnen, die zunächst einmal nicht viel von dem verstand, was er ihr zu erklären versuchte. Und ob Wanja glücklich war!

«Ich kann wieder sehen. Verstehst du? Gott hat mein Auge geheilt», brachte er schließlich doch noch einen vernünftigen Satz zustande.

«Dein Auge geheilt?», verstand sie nicht gleich.

«Das ist ja wunderbar, Wanja!» Jost, Wanjas Zimmerkollege, verstand ihn. «Gott hat sein Auge geheilt. Er war doch blind auf einem Auge. Die Sowjets hatten sein linkes Auge durch eine Explosion in der Armee so verletzt, dass es hinterher abstarb», erklärte er den Kommilitonen. Und dann warf er sich Wanja in die Arme.

Mit der Heilung des Auges begann für Wanja ein ganz neues Leben. Seine Kopfschmerzen ließen massiv nach. Und auch das Lernen wurde dadurch einfacher.

Doch ein Bibelstudium ist nicht einfach nur intellektuelles Arbeiten. Es ist ein geistlicher Prozess, und dieser setzt eine gewisse Reife in dieser Hinsicht voraus. Weder Wanja noch viele seiner Mitschüler brachten sie mit. Es stellte sich bald heraus, dass die meisten von ihnen geradezu geistliche Analphabeten waren. Sie wollten Gemeindeleiter werden. Sie planten, anderen das Evangelium zu predigen und sie zur geistlichen Reife zu erziehen. Doch genau diese Reife fehlte ihnen selbst noch. Geistliche Begabung – sie kannten sie nicht. Besondere Berufung – nur die wenigsten wussten von einem solchen Erlebnis. Doch wie lernt man die Bibel auf das eigene Leben anzuwenden, wenn man von all dem nur wenig Ahnung hat? Wie soll man, beispielsweise, ein Hirte werden, wenn man sich weder mit der Gabe des Hirten auseinandergesetzt noch bei sich selbst eine solche entdeckt hat? Wie soll man ein Evangelist oder ein Missionar werden?

Man hätte sich mit solchen Fragen *vor* der Bibelschule

beschäftigen müssen. Aber in den meisten Gemeinden, aus denen die jungen Menschen kamen, gab es keine jüngerschaftliche Erziehung. Niemand hatte sie über ihre Gaben des Geistes aufgeklärt. Niemand hatte sich tiefgehend mit ihrer Berufung beschäftigt. Hier auf der Bibelschule brachen diese Fragen dann plötzlich auf.

Auch Wanja hatte solche Fragen. Auch er wusste wenig über Gottes besonderes Wirken. Auch er kannte den Heiligen Geist im Grunde nicht. Dafür kannte er die Tradition seiner Glaubensgemeinde. Und genau aus dieser Ecke kam seine erste Glaubensprobe.

Formalin – der Stoff, aus dem das Gewissen fehlgepolt wird

Wanja kam ursprünglich aus einer Kirche, die sehr auf das Äußere bedacht war. Die rechte Haltung vor Gott spielte hier eine besonders herausragende Rolle. So konnte Wanja es sich beispielsweise nicht vorstellen, Gott in einer anderen Haltung anzubeten als kniend oder stehend. Sitzend beten, nein, ihn schauderte es allein beim Zusehen! Auf der Bibelschule wurde aber ausgerechnet sitzend gebetet …

Nun war Wanja keineswegs der Tapferste unter den Kreaturen Gottes, und sich zu blamieren fiel ihm schon immer etwas schwer. Jetzt auf der Bibelschule, wo nur noch im Sitzen gebetet wurde, befand er sich nahezu täglich im Kampf mit seinem schlechten Gewissen. Blieb er einmal während der täglichen Gebetsgemeinschaft sitzen, so quälte ihn sein Gewissen dermaßen, dass er es an seinem ganzen Körper verspürte. Stand er zum Beten auf, so schienen ihn Dutzende von Augen seiner Brüder und Schwestern strafend zu fragen, ob er denn nun wirklich glaube, geistlich besser dazustehen als der Rest von ihnen.

Das ganze erste Schuljahr dauerte dieser Kampf an. Wanja hatte längst all die Bibelstellen in der Heiligen Schrift gefunden, die vom Beten sprachen. Er hatte David in allen möglichen Positionen beim Beten entdeckt und verstanden, dass es nicht wirklich darauf ankommt, welche Körperhaltung man beim Gebet einnimmt. Sein Gewissen ließ ihn aber trotzdem nicht frei. Sobald er sitzend betete, quälte ihn eine innere Stimme, sein Körper reagierte, und er wäre mehr als einmal am liebsten wie von einer Tarantel gestochen hochgefahren. Er redete mit seinen Kommilitonen und den Lehrern. Sie erklärten ihm die Heilige Schrift, sie ermutigten ihn, sich an ihnen ein Beispiel zu nehmen.

«Dein Gewissen ist von der russischen Gemeindetradition geprägt. Du verwechselst das Gewissen mit der Stimme des Heiligen Geistes», erklärten sie ihm. Aber das half wenig.

Natürlich sprach er auch mit seinen Brüdern aus Russland über die Sache. Doch diese schienen überzeugt, die innere Stimme, die Wanja das Leben so schwermachte, konnte nur von Gott kommen.

«Die Christen in Deutschland haben ihre Ehrfurcht vor Gott verloren», sagten sie zu ihm. «Wie kann man denn vor dem lebendigen Gott sitzen?»

Ja, wie konnten sie es? Und sie, das waren nicht einfach irgendwelche Christen. Sie – das waren seine geistlichen Lehrer an der Bibelschule. Wie schickte es sich an, von diesen Menschen geistliches Leben zu lernen, wenn sie so ehrfurchtslos waren? Je länger Wanja an der Schule verblieb, desto tiefer wurde sein innerer Konflikt.

Freilich war es nicht nur das Beten im Sitzen. Fast alle Schwestern in der Schule trugen Hosen. Er hatte in seiner Gemeinde gelernt, dass es vor Gott ein Gräuel sei, wenn Frauen Männerkleider trugen. So steht es nun mal in den Büchern Mose geschrieben. Hier trugen sie genau das in der Bibelschule. Und wenn Wanja sie danach fragte, sagten sie nur ausweichend: «Das was du da ansprichst, steht doch im *Alten* Testament, Wanja. Und übrigens, ich trage keine Männer-, sondern Frauenhosen. Du kannst das in jedem Bekleidungsgeschäft sehen. Kein Mann kauft sich eine Hose in der Frauenabteilung. Unsere Hosen sind anders geschnitten. Sollte ich deine anziehen, dann würde sie auf meinem Leib wie ein Sack hängen.»

Das klang zwar alles recht logisch. Aber war Logik gut genug, wenn es darum ging, einen Befehl Gottes zu befolgen oder nicht? Das Tragen von Männerkleidern war doch ausdrücklich verboten. In 5. Mose 22,5 heißt es: «Eine Frau soll nicht Männersachen tragen, und ein Mann soll nicht Frauenkleider anziehen; denn wer das tut, der ist dem Herrn, deinem Gott, ein Gräuel.» Und Hosen waren doch Männerkleider?!

Nein, sagten seine Lehrer. Hosen sind nicht gleich Hosen. Viele Kleidungsstücke seien doch bei beiden Geschlechtern gleich geschnitten. Man verwies ihn auf die Unterwäsche, übrigens auch Hosen, Socken und Hemden. Warum dann nicht gleich auch diese alle verbieten? Und wie sollte das praktisch gehen, sind doch menschliche Füße so ähnlich gebaut, dass man den Socken kaum eine andere Form geben kann. Alles, was man den Füßen anzieht, muss schon allein von der Form des Fußes her gleich aussehen. Bei den Händen ist es genauso. Und wie sollte man ein T-Shirt so weben, dass es wesentliche männliche beziehungsweise weibliche Merkmale trug?

Wanja verstand zwar die Logik, aber sein Gewissen schlug immer wieder gerade dann zu, wenn er mit den Schwestern zusammen beten sollte, die in ihren Hosen neben ihm saßen. Ihm schnürte es regelrecht den Hals zu.

Zu den Kleidern kam die Kopfbedeckung. Die Schwestern bedeckten prinzipiell ihr Haupt nicht, weder im Alltag noch am Sonntag. Sogar beim Beten unterließen sie es. Konnte Wanja das bei den Unverheirateten noch akzeptieren, so war es bei den Verheirateten doch ein klarer Verstoß gegen das Wort Gottes in 1. Korinther 11. Hier wies Paulus die Frauen an, ihr Haupt zu bedecken, und zwar der Engel wegen. Und wenn sie ihr Haupt nicht bedecken wollten, so sollten sie das Haar gleich abschneiden. In Wanjas Augen war dies ein weiteres kardinales Vergehen gegen die Schrift. Die Frauen hier schnitten ihre Haare und schickten sich sogar an, die Brüder zu belehren. Eine der Lehrpersonen auf der Bibelschule war gar eine Frau. Sie unterrichtete zwar nur Psychologie, aber das hier war doch nicht eine weltliche Schule. Und Psychologie wurde nur deshalb unterrichtet, weil es den angehenden Predigern helfen sollte, effektiver Seelsorge zu praktizieren. Und war das nicht eine der wichtigsten Aufgaben des geistlichen Dienstes?

«Wo bist du da hingeraten, Wanja?», fragte ihn eines Tages ein russlanddeutscher Prediger. «Alles, was die Schrift lehrt, wird dort einfach unterschlagen. Lernt man so, Gott zu gehorchen und zu folgen?»

Wanjas Unruhe wurde von Monat zu Monat größer. Er stand zwar beim Beten. Er hielt sich auch sonst von Dingen zurück, die an der Bibelschule nicht den ethischen Vorstellungen seiner geistlichen Heimat entsprachen, aber das allein half nicht.

«Vater, ich bin bereit, Grenzen zu überschreiten. Ich bin bereit, meiner Tradition zu missfallen. Aber doch nicht deinem Wort! Zeige mir einen Ausweg, oder ich muss diese Schule verlassen», betete er am Ende des ersten Jahres. Seine Gewissensbisse wurden unerträglich. Sie lähmten sein Studium. Er wurde zunehmend depressiv. Nein, er musste eine Lösung für seine Probleme finden, sonst war das hier nichts für ihn.

Und Gott antwortete. Die große Befreiung kam im ersten Sommer-Missionseinsatz in Österreich. Wanja war für einige Tage mit einem jungen österreichischen Bruder unterwegs, um auf dem Gmundner See zu segeln. Es war Windflaute. Mitten auf dem See gab Wanja sich seinen Gedanken hin. Es war herrlich, der Natur zu lauschen und einfach so zu schweigen. Wie nie zuvor genoss er es. Immer wieder gingen seine Gedanken auch zu seinem Herrn. Er hatte diese wunderbare Welt um Wanja herum geschaffen. Er hatte ihm die Möglichkeit gegeben, mit diesem Bruder all das einfach so zu genießen. Und da auf einmal hörte Wanja tief in seinem Inneren eine Frage:

«Wanja, du betest doch, oder?»

«Ja, Herr, ich rede mit dir», antwortete er in seinen Gedanken.

Ein solcher Dialog war für ihn nichts Neues. Manchmal weckte ihn der Herr mit einer solchen Frage. Er kannte die Stimme und auch den Umstand, dass Gott bei seinem Reden nie darauf wartete, bis Wanja sich in die richtige, «würdige» Positur aufbaute.

«Aber du sitzt doch. Darfst du das?»

Wanja war schockiert. Sollte er jetzt aufstehen? Mitten

im Boot? Sollte er etwa immer aufstehen? Oder knien? Na klar, er sprach mit seinem Herrn, also betete er. Sitzend. Oft hatte er solche Art von Dialogen im Auto, im Bett, im Zug, im Unterricht, beim Einkaufen und auch überall sonst gehabt. Mussten diese intimen Gespräche mit seinem Herrn auch in eine Form gepresst werden? Noch nie hatte er bis dahin bei solchen Gebetsakten ein schlechtes Gewissen gehabt.

Für einen Augenblick bekam Wanja Angst. Dann aber sprach der Herr wiederholt zu ihm. «Wenn euer Herz euch verklagt, so ist Gott größer.» Wanja kannte dieses Wort aus der russischen Übersetzung gut. Da heißt es allerdings andersrum: «Wenn euer Herz euch schon verklagt, wie viel mehr dann erst Gott.» So hatte er das Wort auch immer verstanden und gerade deshalb nicht gewagt, gegen sein Gewissen vorzugehen.

«Ist das so?», fragte er jetzt bei seinem Herrn nach. «Bist du größer als mein Herz? Verklagst du nicht, wenn das Herz es tut?»

«Zweifelst du daran, Wanja, dass ich größer bin als dein Herz? Ich, der ich alle Sterne in einer Hand halte? Ich, der ich mit der Fußferse das Universum bedecke? Sollte ich so klein sein wie dein Herz?»

«Nein, Herr, natürlich nicht. Du hast das Weltall geschaffen. Du bist mächtig und groß, und kein menschlicher Geist, geschweige denn ein menschliches Herz, könnte dich je erfassen.»

«Warum setzt du mich dann mit deinem Gewissen gleich? Ist das menschliche Herz nicht trügerisch? Kann sich das Gewissen des Mannes nicht irren?»

«Sicher, wir Menschen können uns irren und tun es auch.»

«So ist es, Wanja», schien Gott ihm zu antworten. «Dein Gewissen ist nicht Gott. Ich bin der Herr, dein Gott. Und ich rede mit dir, wann und wie ich will. Dein Gewissen kann mir unmöglich vorschreiben, wie und wann ich auf dich hören darf.»

Plötzlich verstand Wanja. Nicht sein Denken, nicht seine religiöse Erziehung, nicht seine Gewissensbisse sind für den Herrn entscheidend, sondern ganz allein Gottes Wille, sein Wort. Und dieses Wort kannte er bereits seit langem. Dieses Wort machte ihm keinerlei Vorschriften im Bezug auf die Gebets-Körperhaltung.

«Ihr werdet die Wahrheit erkennen, und die Wahrheit wird euch frei machen», hörte er wieder die Stimme seines Herrn in sich sprechen. «Du kannst es in Johannes 8,32 nachlesen.»

«Ich will dir glauben, Herr», antwortete Wanja darauf.

Wie ein schwerer Stein fiel auf einmal eine Last von seinem Herzen. Er fing an laut zu jubeln. Sein Mitsegler Harald sah ihn prüfend an.

«Ist was, Wanja?»

Ohne lange zu zögern, erzählte dieser ihm, was gerade eben passiert war.

«Ich kenne dein Problem gut, Bruder», entgegnete ihm Harald. Dann erzählte er ihm von Gewissensbissen, die ihm seine römisch-katholische Erziehung eingebracht hatte.

«Ich konnte auch nach meiner Bekehrung lange Zeit an einem Beichtstuhl nicht ohne Gewissensbisse vorbeigehen. In meiner Familie ging man halt jede Woche in die Beichte. Jetzt war ich zum Glauben an Jesus Christus gekommen. Ich brauchte keinen Beichtstuhl mehr, aber mein Gewissen ließ mich noch lange nicht in Ruhe. Genauso, wenn ich beim Abendmahl Wein trank. In der katholischen Kirche erhielten wir nur eine Hostie.»

Harald sprach, und Wanja wunderte sich. Dass ein Katholik so etwas erlebt hatte?! Und wie ähnlich waren seine eigenen Erfahrungen im Vergleich mit denen von Harald. Sie tauschten sich aus. Und je länger das Gespräch dauerte, desto mehr wuchs die Gewissheit in Wanja. Seine russische Gemeinde war einem Übersetzungsfehler in der Bibel anheimgefallen. Die Tradition fußte auf einer fehlerhaften Auslegung der Bibel. Könnte es vielleicht sein, dass auch anderen Problemen aus dem Bereich der äußeren Würde, wie man sie in seiner Heimat lehrte, ähnliche Fehlinterpretationen der Schrift zugrunde lagen? Noch lange unterhielten sich Wanja und Harald über die Tücken des so anfälligen menschlichen Gewissens. Erst spätabends kehrten sie zurück in Haralds Wohnung.

«Es war ein langer und anstrengender Tag, Harald», sagte Wanja, bevor er sich in seinem Zimmer zur Ruhe begab. «Aber ich habe heute etwas gelernt, das mein Leben für immer verändern wird.» Minuten später lag er in seinem Bett und betete unbeschwert und angstfrei.

Zurück nach Neuland kam ein anderer Wanja. Er hatte sich vorgenommen, keiner formellen Tradition mehr blind zu vertrauen. Harald hatte ihm zum Abschied ein neues Wort beigebracht – Formalin.

«Formalin steht für Formen, die den Inhalt ersetzen», sagte er. «Und wo das passiert, regiert nicht mehr das Wort Gottes, sondern eine menschliche Ausdrucksweise für dieses Wort, ein menschliches Verständnis, eine Interpretation, und so etwas kann sehr fehlerhaft und leer sein.»

«Nie wieder Formalin», versprach ihm Wanja.

Befreit von traditionellen Verpflichtungen machte das Bibelstudium große Freude. Bald schon hatte Wanja einen neuen Spitznamen: «Ist das biblisch?» Er ließ keine Auslegung mehr zu, die einfach auf Tradition baute. Und wo die Tradition den Alltag bestimmte, da begann er sofort mit kritischem Nachfragen und einem entsprechenden Bibelstudium. Das führte unweigerlich zu Konflikten, aber gerade aus diesen Konflikten lernte er am Ende am intensivsten. «Krisen sind Chancen zum Neuanfang», zitierte eines Tages einer seiner Lehrer einen berühmten japanischen Philosophen. Genau so erlebte nun Wanja sein Studium. So zu werden, wie Gott ihn wollte – darin sah er den Sinn seines Bibelstudiums. Und das schien nur möglich, wenn alle traditionelle Fremdbestimmung abgebaut wurde.

Die Zahnpasta-Lektion

In einem Punkt unterscheiden sich Bibelschulen wesentlich von anderen Ausbildungsstätten in Deutschland. Bibelschulen kosten viel Geld. Was hilft einem alle innere Freiheit, wenn die finanzielle Unterstützung fehlt? Logischerweise stand das Thema Geld häufig auf der Tagesordnung der Schule. «Man braucht den Geist, den Verstand und einen Sponsor, wenn man hier fertig werden will», scherzte der Bibelschulhausvater immer wieder. Wanja hatte alle drei. Tja, fast alle drei. Da gab es die Sache mit der Zahnpasta.

Wanjas anfängliche Begeisterung über die Fürsorge Gottes auf der Bibelschule erhielt bereits im ersten Semester einen Dämpfer. Er konnte es zwar immer noch nicht begreifen, woher allmonatlich das Schulgeld kam.

Überhaupt hatte er keinerlei finanzielle Sorgen. Wanja hatte ein wunderbares Zimmer, das er mit einem anderen Schüler teilte, jeden Monat konnte er sich ein paar Bücher erwerben, weil man ihm Geld dafür gab, und die meisten Kleider kamen aus der Kleiderkammer der Schule. Für das leibliche Wohl sorgte die Küche. Nur eine vergleichsweise kaum erwähnenswerte Kleinigkeit begann ihn bald intensiv zu stören. Wanja hatte absolut kein Taschengeld und konnte sich daher auch nichts extra kaufen, nicht einmal Zahnpasta. Gewohnt, mit wenig auszukommen, begehrte er auch keine Extras, wenn da bloß nicht diese tägliche Sorge um Zahnpasta gewesen wäre.

Erst versuchte er das Problem herunterzuspielen, indem er es einfach unterließ, seine Zähne zu putzen. Doch bald fragten die Mitschüler ihn, ob es in Russland üblich sei, die Zähne nicht zu putzen und mit Mundgeruch in der Gegend herumzurennen. Er schämte sich und sah sich bald dazu gezwungen, bei den Kommilitonen um Zahnpasta zu bitten. Mal bekam er von einem der Brüder die notwendige Ration, das andere Mal gab ihm jemand seine halbe Tube, die dann für ein paar Tage ausreichte. Fuhr er nach Hause zu den Eltern, so versuchte er immer, die elterliche Zahnpasta mitzunehmen. Leider vergaß er es oft genug. So dass er am nächsten Morgen wieder zu einem der Mitschüler gehen musste, um ihn zu bitten, etwas von der lästigen Paste abzugeben.

Diese Geschichte ging monatelang. Immer wieder wandte Wanja sich an Gott und bat ihn, sein Zahnpasta-Problem zu beheben. Aber er, der so wunderbar seine Schulausgaben zu bezahlen half, schwieg. Schließlich riss Wanjas Geduldsfaden.

«Herr, ich kann nicht mehr», sagte er, «dieses Semester ist definitiv das letzte. Ich habe es satt, um Zahnpasta zu betteln. Ich könnte einen gutbezahlten Beruf ergreifen. Lass mich arbeiten gehen und dafür sorgen, dass kein Bibelschüler mehr ohne Zahnpasta leben muss.»

Es ist merkwürdig, wie es einem ergeht, wenn man so bei dem Herrn seine Frustration loswird. Auch Wanja fühlte sich erleichtert. Kaum hatte er dieses Gebet gesprochen, da kam sein Zimmerkollege Jost herein.

«Wanja, ich brauche dringend zwanzig Mark», sagte er, «kannst du mir nicht helfen, den Herrn um dieses Geld zu bitten?»

«Für *dich* bete ich schon», kam ihm der Gedanke, «nur *ich* bete nicht für Geld, dass ich brauche.»

Sie beteten. Gleich am nächsten Tag kam Jost begeistert zu Wanja, hielt ein weißes Couvert in der einen und einen Zwanzigmarkschein in der anderen Hand und lud Wanja ein, dem Herrn für die schnelle Gebetserhörung zu danken.

«Mann, ist das ein Herr! Gestern haben wir beide um diese zwanzig Mark gebeten, und heute liegt da dieses anonyme Couvert mit genau zwanzig Mark. Da soll mir einer noch an Gott zweifeln. Wenn er sorgt, dann immer hundertprozentig, oder?»

Auch Wanja freute sich mit ihm. Aber irgendwo in der Bauchgegend hatte er ein mulmiges Gefühl, als würde er etwas Schreckliches erwarten.

«Du, Wanja, in deinem Postfach liegt ebenfalls ein Couvert. Genau wie dieses hier, nur viel dicker.»

«Ich habe aber nicht für Geld gebetet», antwortete Wanja.

«Man muss ja nicht unbedingt darum bitten. Gott

beschenkt ja auch manchmal nur so. Wen er liebt, für den ist ihm nichts zu schade.»

«Ich habe nicht um Geld gebeten, Jost», blieb Wanja etwas zugeknöpft.

Und doch ging er zu seinem Postfach. Mit jedem Schritt wuchs in ihm eine unerklärliche Unruhe, die nichts Gutes verhieß. Er verstand das Gefühl nicht. Was erwartete ihn in diesem Postfach bloß? Warum und woher die Unruhe?

Am Postfach angekommen, nahm Wanja das schwere Couvert in die Hand, öffnete es und erschrak. Tausende von Deutschen Mark lagen drin. Noch nie in seinem Leben hatte er so viel Geld in seinen Händen gehalten. Er kam gar nicht erst dazu, es zu zählen. Eine laute Stimme durchbrach die Stille.

«Du Dummerchen, meinst du wirklich, ich kann dich nicht mit Geld von Kopf bis Fuß überschütten? Gehört mir nicht alles Gold und Silber dieser Welt? Ich will, dass du Vertrauen lernst. Ich will, dass du mir auch dann vertraust, wenn du nichts mehr hast, nicht einmal die lästige Zahnpasta. Und ich will, dass du lernst, deine Brüder ernst zu nehmen. Denn das, was sie besitzen, gehört auch mir. Und wenn ich will, dass du es bei ihnen holst, dann solltest du mir vertrauen, dass das für dich momentan der beste Weg ist.»

Es war der Herr. Wanja wusste es sofort. Lautlos fiel er auf seine Knie und weinte bitterlich. Leute aus den naheliegenden Büros kamen zusammengelaufen. Sie fragten nach, versuchten zu trösten. Aber Wanja winkte ab.

«Bitte, bitte, lasst mich allein», bat er durch den Strom seiner Tränen. Nach einer Weile erhob er sich von seinen Knien, holte das Geld aus dem Couvert und verteilte es auf die Postfächer seiner Mitschüler. Nur in sein Fach legte er nichts.

«Herr, ich will Vertrauen lernen», sagte er leise in seinem Innern. Ein tiefer Friede erfüllte sein Herz. Er hatte das Richtige getan.

«Wenn du mit mir arbeiten willst, Wanja, dann wirst du lernen müssen, mir in *allem* zu vertrauen. Und nichts fällt den Menschen schwerer, als mir für ihre Versorgung zu vertrauen. Nicht Geld, sondern mein Geist ist es, den du brauchst, Wanja. Lerne es jetzt, dann wird es nicht schwer sein, mir in Zukunft zu dienen.» Diese Worte verrieten so viel Liebe, sie trösteten Wanja und ermutigten ihn, zu glauben und trotz all des Geldmangels Gott, seinem Herrn, zu vertrauen.

«Was war drin?», fragte Jost neugierig, als sie sich beim Mittagessen wieder trafen.

«Geld war drin. Viel Geld, Jost. Ich habe es in die Postfächer verteilt. Auch in deinem liegt ein kleines Geschenk. Es war für euch.» Wanjas Augen leuchteten, als er seinem Freund von der Begegnung mit Gott am Postfach erzählte. Von der Zahnpasta sagte er dagegen kein Wort.

Am nächsten Morgen ging Wanja zu Jost und bat ihn um Zahnpasta.

Noch ein ganzes Jahr dauerte dieser Zustand an. Und jeden Morgen war Wanja dankbar für seine Brüder und für den Herrn, dem er sogar sein kleines Zahnpasta-Problem anvertrauen durfte.

– 3. –
Theorie ist gut – Praxis ist anders

Bibelschule, das sind nicht nur Vorlesungen, Bücher und Hausaufgaben. Bibelschule, das sind auch die Sommerpraktika.

«Im ersten Jahr gehst du in die Mission. Im zweiten in eine Gemeinde und im dritten – das sieht man dann, je nachdem wie du dich entwickelst.» Mit diesen Worten führte der Klassenlehrer die Bibelschüler der ersten Klasse gegen Ende des zweiten Semesters in ihre Praktika ein. «Und bitte, es ist nicht einfach Arbeit. Ihr solltet euch nie als billige Mitarbeiter für Gemeinde und Mission verstehen. Es geht um nichts anderes als ums Lernen. Nur ist das Lernen im Praktikum ein anderes. Hier wird es weniger um Theorie gehen, nein, ihr solltet den Praktikumsleitern, Missionaren, Evangelisten und Pastoren auf die Finger sehen. ‹Learning by doing›, nennt man so etwas.»

Die Worte des Klassenlehrers klangen gut. Aus den Berichten der älteren Jahrgänge vernahmen die Neuen jedoch anderes. In der Regel gab es im Praktikum keine Betreuung. Für die Missionswerke stellten die Bibelschüler in der Tat billige oder gar kostenfreie Mitarbeiter dar. Manch ein Missionswerk würde im Sommer gar nicht so effektiv arbeiten können, gäbe es da nicht die jährliche Armee der Bibelschüler.

Wanja wollte aufs Missionsfeld. «Wenn Gott das ernst meint mit meiner Berufung, dann muss ich hinaus zu den Völkern.» Zu Hause in seiner Gemeinde war er ja sowieso ständig im Dienst. Er leitete eine Jugendgruppe, predigte regelmäßig in den Versammlungen der Russlanddeutschen und übte Seelsorge. Sogar einen Chor leitete er im ersten Jahr seiner Bibelschule. Da schien ihm ein Praktikum im Ausland am ehesten angebracht. Und wieder machte Gott es möglich.

Im ersten Jahr ging es nach Österreich. Es waren zwar noch nicht die Völker. Aber auch Österreich war Ausland. Die Österreicher sprachen zwar Deutsch, aber Wanja hatte große Mühe, auch nur einen Satz zu verstehen, wenn sie ihren Mund aufmachten. Wo also könnte er sonst üben, wenn nicht hier? Und Wanja lernte.

Fußball für Jesus

«Du gehst nach Innsbruck in Österreich, Wanja», teilte ihm der Klassenlehrer einen Monat vor Semesterende mit. «Heinz Lorenz, ein Missionar unseres Missionshauses und Absolvent der Bibelschule ‹Licht auf dem Berg›, tut dort seit mehr als zwanzig Jahren Dienst. Eine kleine Gemeinde versammelt sich mittlerweile in eigenen Räumlichkeiten.»

«Und was werde ich da machen müssen?», fragte Wanja neugierig.

«Lorenz hat wie immer keine konkrete Praktikumsbeschreibung geschickt. Aber aus den früheren Jahren wissen wir, dass du ihm höchstwahrscheinlich helfen wirst beim Evangelisieren.»

Wanja freute sich auf den Einsatz. Endlich konnte er das viele erlernte Wissen auch in die Praxis umsetzen. Es gab zwar keine Praktikumsbeschreibung, aber laut seinem Klassenlehrer hieß es, er sollte predigen, Seelsorge üben und die Gemeinde evangelistisch schulen. Hieß es, wie gesagt. Bei Heinz Lorenz lief aber alles anders. Schon seine erste Frage hatte es in sich.

«Hast du Fußballschuhe mitgebracht?», fragte er Wanja. Dieser hatte eine Bibel, ein Bibellexikon, eine Konkordanz und einige Konzepte mit, aber Fußballschuhe? Nein, an so etwas Weltliches hatte er nicht gedacht.

«Siehst du, das Wichtigste hast du wieder einmal nicht mit. Wie oft soll ich es den Leuten vom ‹Licht auf dem Berg› noch sagen? Kein Praktikant mehr ohne Fußballschuhe.»

Wanja dachte erst, Lorenz, bei dem man meist nur seinen Nachnamen nannte, mache Spaß. Aber nichts wäre weiter von der Realität entfernt gewesen als das. Gleich am nächsten Mittag holte er seinen neuen Praktikanten vom Schreibtisch weg, wo dieser gerade seine Predigt für den Freitag vorbereitete.

«Komm, Evangelist, wir wollen missionieren gehen. Zieh dir etwas Sportliches an.»

Etwas unwillig folgte Wanja. Sie fuhren in den Olympiapark. Schon von weitem sah Wanja viele Menschen, die hier ihre Mittagspause zu verbringen schienen.

«Sie kommen hierher, um für eine Stunde der Langeweile ihrer Büros zu entfliehen. Nirgends in dieser Stadt gibt es einen besseren Platz, diese Menschen für Jesus zu gewinnen.»

«Aha, also doch Missionsgelegenheiten», dachte Wanja. Er freute sich schon auf eine Traktatverteilaktion. Da fiel ihm aber ein, dass sie keine Traktate mitgenommen hatten. Erst gestern hatte Wanja einige Tausend dieser Traktatflyer mit der Adresse der Gemeinde bestempelt. Auch die Einladungen zu den evangelistischen Abenden, die die Gemeinde ab Freitag anbieten würde, waren im

Gemeindehaus liegen geblieben. Wanja machte Lorenz darauf aufmerksam.

«Macht nichts», antwortete er. «Unsere Traktate sind heute die Fußballschuhe.»

Wanja verstand nur Bahnhof. Er dachte wieder, Lorenz würde scherzen. Aber als sie endlich im Park ankamen, da wurde ihm der Ernst der Sache klar. Heinz Lorenz, der Missionar, hatte tatsächlich vor, hier im Park Fußball zu spielen. Er spazierte unter einen Busch am Rande des Parks, zog sich die Hose vom Leib, und wenige Augenblicke später stand vor Wanja ein Fußballspieler in voller Montur und mit der Zahl 7 auf seinem Trikot.

«Die Sieben ist heute unser Traktat, Evangelist», lächelte er den verdutzten jungen Mann an. «Nun steh nicht so dumm rum, stell dich auf das Spiel ein.»

Von weitem winkten Lorenz ein paar Männer zu. Sie schienen auch gerade angekommen zu sein und zogen sich an anderen Büschen um. Man kannte sich offensichtlich. Viele begrüßten ihn freundlich.

«Macht der auch mit?», fragten einige. «Ein Gast von mir», stellte Lorenz Wanja kurz vor. «Er wird sich heute mal unser Spiel ansehen. Morgen macht er dann vielleicht mit. Er ist aus Deutschland. Die sind da etwas zögerlich.»

Alle lachten.

Bald ging das Spiel los. Eine Stunde lang bolzte der Missionar mit den Freizeitkickern herum. Wanja verstand die Welt nicht mehr. Hierher hatte man ihn ins missionarische Praktikum geschickt. Und was bot ihm der angeblich beste «Licht auf dem Berg»-Missionar in Österreich? Fußball! Wanja hatte viel von Missionaren gehört, die sich das Leben auf dem Missionsfeld eher bequem machten. War das hier einer von dieser Sorte? Warum lobte man ihn dann in «Licht auf dem Berg» als einen fleißigen Gemeindegründer? Irgendetwas schien hier falsch zu laufen.

Nach einer Stunde fuhren die beiden wieder nach Hause. Lorenz war müde.

«In meinem Alter wird Fußball zu einer schweren Arbeit. Aber was tut man nicht alles für die Sache unseres Herrn! Nicht wahr, junger Mann?» Er schien zu ahnen, welche Fragen in Wanjas Kopf herumschwirrten.

Am nächsten Tag wiederholte sich die ganze Prozedur. Nur dieses Mal bestand Lorenz darauf, dass auch Wanja in angemessener Kleidung im Park erschien und beim Fußball mitspielte. Nicht, dass dieser keinen Fußball mochte, geradezu umgekehrt. Aber im Einsatz? Dazu noch für Jesus? War er nicht nach Innsbruck gekommen, um zu evangelisieren? In wenigen Tagen begann der missionarische Einsatz, und er hatte noch kaum etwas für diesen Einsatz getan. Ihm war überhaupt nicht nach Freizeit und Spiel zumute. Aber Lorenz war hier der Leiter. Und Wanja hatte in der Bibelschule gelernt, sich einem Leiter unterzuordnen. Nach dem Spiel aber, das Wanja übrigens gut gefiel, machte er Lorenz auf diese Tatsachen aufmerksam.

«Macht nichts, du wirst schon bald alles verstehen. Kommt Zeit, kommt Rat. Morgen bist du übrigens wieder rechtzeitig mit mir auf dem Feld.» Wanja verstand ihn sofort. Er meinte nicht das Missionsfeld. Er meinte das Fußballfeld.

«Du meinst doch nicht wirklich, dass wir uns morgen hier wieder den Spaß gönnen dürfen?»

«Genau das meine ich, Wanja. Nicht nur dürfen, wir

müssen es uns gönnen. Sonst rosten wir doch bald ein. Sieh dich doch mal an. Sind die vom ‹Licht auf dem Berg› alle so konditionsschwach?» Lorenz lachte.

Wanja pfiff tatsächlich aus dem letzten Loch.

«Aber, Heinz ...» Wanja wollte gerade protestieren.

«Lass es, Wanja. Hier in Innsbruck bin ich der Boss. Und du bist mein Praktikant. Tue bitte, was ich dir sage. Okay?»

Wanja war sauer. Aber seine Erziehung hinderte ihn daran, Lorenz seinen Frust einfach vor die Füße zu schütten. Und auch das schien dieser zu spüren. Und deshalb setzte er freundlich fort: «Morgen spielen wir wieder Fußball, und jetzt machen wir Siesta. Du kannst meinetwegen anschließend noch ein paar Traktate und Einladungen verteilen.»

Und ob Wanja das tat. Jede freie Minute nutzte er jetzt dazu, wenigstens noch einige Leute zu den Veranstaltungen ab Freitag einzuladen.

Und dann kam der Freitag. Wanja hatte mehrere Hundert Einladungen verteilt. Aber unter den Besuchern sah er niemanden von den vielen Menschen, die ihm alle hochheilig zugesagt hatten zu kommen. Als er dann den Saal wiederholt überblickte, sah er auf einmal zwei Leute, die ihm zuwinkten. Er erkannte sie sofort. Es waren Männer vom Fußballspiel. Wanja war erfreut, sie zu sehen, und völlig überrascht, dass sie gekommen waren. Er hatte sie nicht eingeladen. Nach jedem Spiel hatte er ja so schnell wie möglich das Weite gesucht. Sicher hatte Lorenz sie eingeladen.

Nach dem Abend ging Wanja auf die Männer zu. Sie begrüßten ihn freundlich und sagten gleich, dass ihnen der Abend sehr gefallen habe, auch Wanjas kurze Predigt.

Und besonders, sagte der eine, habe es ihm gefallen, dass fromme Typen wie er, Wanja, nicht nur Worte von der Kanzel herunterdroschen wie in den übrigen Kirchen, sondern auch ganz normal menschlich Fußball spielen würden.

Wanja verstand sofort. Lorenz betrat tatsächlich jedes Mal das Missionsfeld, wenn er seine Fußballschuhe schnürte. Er gewann Freunde für Jesus, und sie kamen auch tatsächlich zur Gemeinde. Wanja dachte, seine Traktate würden es tun. So hatte er es in der Bibelschule gelernt. Doch leider schien dieser gute Plan in der harten Wirklichkeit des österreichischen Missionsfeldes nicht aufzugehen.

Am nächsten Tag sprach Wanja mit Heinz Lorenz über die Sache. Dieser lachte nur.

«Siehst du, ich wusste, du würdest alles verstehen. Nein, mein Junge, Mission lässt sich bei uns nicht durch bloße Traktat-Verteil-Aktionen betreiben. So wichtig diese Schriften auch sein mögen. Persönliche Beziehungen sind für die Arbeit viel, viel wichtiger. Die Typen da auf dem Bolzplatz, sie sind total entnervt, weil ihr Job von ihnen alles fordert. Sie spielen aggressiv, fluchen und ärgern sich. Hast du es gemerkt? Und glaube mir, sie werden schon merken, dass du und ich nicht fluchen und auch nicht aggressiv Fußball spielen. Dann werden sie uns fragen. So wie die beiden Männer, die gestern Abend dabei waren. Und dann laden wir sie ein, und sie kommen sicher.»

«Danke, Heinz, ich habe heute mehr gelernt als in den vielen Stunden Evangelistik an der Bibelschule», sagte Wanja und ging noch am gleichen Vormittag Fußballschuhe kaufen.

Und dann hörte es auf zu regnen

In der zweiten Hälfte des Sommers erwarteten Lorenz und mit ihm Wanja eine große Einsatzgruppe aus Deutschland. Junge Leute aus unterschiedlichen deutschen Gemeinden hatten ein Missionsteam formiert und planten in Innsbruck in einer öffentlichen Halle evangelistische Abende durchzuführen. Wanjas Aufgabe war es, diesen Einsatz vorzubereiten.

«Viel werden wir bestimmt nicht tun können, Wanja», entmutigte ihn Lorenz. «Warten wir also die Dinge ab, die da kommen werden.»

Sie bereiteten Stadtpläne vor, teilten die Straßenzüge so ein, dass die jungen Leute von Haus zu Haus die Menschen besuchen konnten, um sie so zu den Abenden einzuladen. Wanja wusste inzwischen mehr darüber, wie wenig eine solche Aktion bringen würde.

«Sie kommen jedes Jahr. Was dabei herauskommt? Junge Menschen werden missionarisch beschäftigt. Zum Glauben sind aber in den vielen Jahren nur sehr, sehr wenige der Eingeladenen gekommen.» Lorenz schien dem Einsatz sehr wenig Bedeutung beizumessen.

«Was können wir denn tun? Gar nichts?», wollte Wanja wissen.

«Am besten beten wir für etwas total Außerordentliches, Wanja. Eine Art Wunder.»

Und das taten sie nun täglich.

Dann endlich kam das Team. Hunderte von Einladungen wurden unter die Leute gebracht. Jeden Tag marschierten die jungen Menschen stundenlang von Haus zu Haus. Aber an den Abenden sah man so gut wie keine Fremden. Hier und da kamen deutsche Touristen vorbei. Und auch diese entpuppten sich bald als Christen, die in

Innsbruck Urlaub machten. Entmutigung breitete sich im Team aus.

«Das ist hier so, Freunde», klärte Wanja die jungen Leute auf. «Wir müssten etwas völlig anderes machen oder um ein Wunder beten. Anders ist hier nichts zu holen.»

Am Mittwoch hatte der Einsatzleiter einen evangelistischen Einsatz vor dem Goldenen Dachl, dem Wahrzeichen von Innsbruck, im Stadtzentrum geplant. Nur mit Mühe gelang es Lorenz, eine entsprechende Genehmigung der Stadtverwaltung zu erhalten. Aber als das Team dann zur vereinbarten Zeit zum Platz kam, erwartete sie eine große Enttäuschung. Ein indischer Guru sollte fast zur gleichen Zeit auftreten. Man hatte bereits eine entsprechende Bühne für ihn gebaut. Überall standen neugierige Leute. Wie sollten da eine Handvoll deutscher Jugendlicher, bewaffnet mit ein paar Gitarren und Traktaten, gegen einen Guru ankommen?

«Das ist unsere Chance», dämmerte es Wanja.

«Wenn Gott den Guru vom Platz vertreibt, dann werden die Menschen uns und damit dem Evangelium zuhören.»

Er teilte seine Überlegungen dem Einsatzleiter mit. Dieser fand den Gedanken gut, und so stellte man sich in kleinen Gruppen an den Rand des Platzes und begann zu beten. Wenige Minuten vor dem Auftritt des Guru zogen auf einmal mächtige Wolken auf. Und dann begann es zu regnen. Regen ist noch ein viel zu schwaches Wort für das, was da vom Himmel herunterkam. Es goss. Im Nu versteckten sich die Massen in den naheliegenden Einkaufspassagen. Und die Veranstalter des Guru-Auftritts bemühten sich, so schnell wie möglich ihre Lautsprecheranlage abzubauen. Das Podiumsgerüst ließen sie stehen und verschwanden. Es regnete in Strömen, und die dicken Wolken über dem Goldenen Dachl verhießen kein schnelles Ende.

«Hier läuft heute nichts mehr», sagte einer der Guru-Veranstalter und zog mit den restlichen Mitarbeitern ab. «Das Gerüst bauen wir morgen ab.»

«Sie sind weg, Freunde. Jetzt müssen wir nur noch Gott darum bitten, dass er diese Wolken vertreibt», sagte der Einsatzleiter fröhlich.

Alle lachten. Und niemand unter den jungen Leuten zweifelte mehr daran, dass in wenigen Minuten der Regen aufhören würde und sie mit dem Aufbau ihrer Anlage anfangen könnten. Genau das traf ein. Ein heftiger Wind zog auf, und zehn Minuten später, fast genau zu dem mit der Stadtverwaltung vereinbarten Termin, begannen die jungen Leute mit dem Aufbau der Anlage. Als sie fertig waren, da brach die Sonne durch die Wolken. Wie Ameisen strömten die Menschen aus den Läden und Einkaufspassagen auf den Platz. Doch auf der Bühne des Gurus stand nun ein Jugendchor und sang Evangeliumslieder. Dann folgten Zeugnisse und eine Kurzpredigt. Auch Wanja sprach.

Überall auf dem Platz kam es zu Gesprächen mit Passanten. Es war so, als hätte Gott die jungen Leute tagelang nur auf diesen einen Einsatz vorbereitet. Die Menschen waren offen und interessiert, und viele versprachen, auch in die Abendveranstaltung zu kommen. Und was noch mehr verwunderte – sie kamen tatsächlich.

«Ist doch faszinierend», dachte Wanja, «da lässt der Herr ein paar Wolken aufziehen und pustet sie dann auch wieder weg, und schon sind die Menschen wie verwandelt. Evangelisation ist halt doch weniger eine menschliche Aktion. Handelt Gott nicht, so ist unsere Mühe umsonst.»

Und als würde der Einsatzleiter Wanjas Gedanken hören, fasste er den Tag am Abend zusammen und sagte:

«Wir verstehen heute nur noch wenig davon, was Gott an Wundern und Zeichen tun kann und will, damit die Menschen sein Wort hören und annehmen können. Würden wir mehr mit seinem wundervollen Eingreifen rechnen, wäre auch diese Stadt sicher längst schon weniger gottentfernt, als sie es jetzt ist.»

Krawattenbinden und Mittagsschlaf

Man staunt nicht schlecht, wenn man sieht, was Bibelschüler in ihren Praktika alles lernen sollen. Dass sie predigen und Menschen geistlich begleiten, das versteht sich ja von selbst. Aber dass man im Praktikum Krawattenbinden lernen soll, das will einem beim besten Willen nicht gleich in den Kopf. Wanjas Praktikumsbegleiter Pastor Schneider war aber überzeugt, dass man den Bibelschülern alles Mögliche in der Schule beibringe, nur Manieren nicht.

«Die Bibelschule, die du besuchst, Wanja, heißt nicht von ungefähr ‹Licht auf dem Berg›. Warum entfernt man nur die Schulen immer aus dem wirklichen Leben? Ich würde sie jedenfalls immer mitten in einer Großstadt platzieren. Und bei mir müssten die Schüler auf jeden Fall Manieren lernen. Ein Pastor ist in gewisser Hinsicht ein Aushängeschild der Gemeinde. Nun stell dir einmal vor, du bist das Aushängeschild.»

Pastor Schneider sah Wanja von unten nach oben an,

als wollte er sagen: Das wäre bestimmt kein gutes Aushängeschild.

«Kannst du Krawatten binden?», fragte er Wanja auf einmal.

«Was soll ich können?» Wanja verstand nicht.

«Krawatten binden. Einen Schlips am Hals eines Mannes platzieren. Kannst du das?»

«Nein, kann ich nicht. Und brauche ich eigentlich auch nicht zu können. Ich trage keine Krawatten.»

«Ein Fehler. Das ist offensichtlich ein Denkfehler, Wanja. In dieser Gemeinde musst du eine Krawatte tragen. Wir sind eine Baptistengemeinde. Was werden da die Menschen von uns denken, wenn sie dich, einen Pastoral-Anwärter, am Sonntag ohne Krawatte sehen?»

«Aber was hat eine Krawatte denn mit der öffentlichen Anerkennung zu tun?»

«Ich erwarte nicht, dass du das verstehst, Wanja. Deine Generation scheint lieber in selbstgestrickten Pullovern herumzulaufen. Was ich aber von dir erwarte, ist Gehorsam. In meiner Gemeinde musst du lernen, eine Krawatte zu binden und auch zu tragen. Also, ab heute fangen wir an. Ich fahre mit dir am Nachmittag in ein Bekleidungsgeschäft, da kaufen wir dir einen Anzug, ein entsprechendes Hemd und eine Krawatte. Und dann lernst du.»

«Aber Pastor Schneider …» Wanja traute seinen Ohren nicht, was dieser Mann ihm da zumutete.

«Ich diskutiere nicht. Um drei Uhr bist du mit mir auf dem Weg ins Geschäft oder auf dem Weg zurück zu deinem heiligen Berg.»

Was blieb Wanja übrig? Zurück zur Bibelschule? Das kam nicht in Frage. Also fuhr er mürrisch mit. Sie kauften einen Anzug und alles, was in der Vorstellung von Pastor Schneider zu einem guten Pastor dazugehörte. Und am nächsten Tag fing Wanja an, seinen Schlips zu binden. Er brauchte fast zwei Wochen, um die Krawatte zur vollen Zufriedenheit von Pastor Schneider zu knoten.

Aber damit nicht genug. Pastor Schneider hatte noch weitere Einfälle. Wanja sollte lernen, einen Mittagsschlaf zu machen. Und wieder akzeptierte der Praktikumsleiter keinen Widerstand.

«Es kommt der Tag, an dem du mir dankbar sein wirst, dass du gelernt hast, den berühmten Minutenschlaf zu beherrschen.»

Also legte sich Wanja jeden Tag nach dem Mittagessen auf die harte Kirchenbank des Gemeindehauses und versuchte zu schlafen. Eine Viertelstunde später erschien Schneider und «weckte» seinen hellwachen Praktikanten. Die Prozedur dauerte die ganzen zwei Monate des Gemeindepraktikums. Und tatsächlich: Am Ende seines Aufenthalts schlief Wanja zum ersten Mal ein. Und sobald er zurück in der Bibelschule war, setzte er das Ganze fort.

Natürlich hatte Schneider nicht nur solche Übungen für Wanja in petto. Eines Tages kam er zu seinem Praktikanten, umarmte ihn und sagte fast geheimnisvoll:

«Du bist doch ein Evangelist, Wanja, oder?»

«Man sagt das, aber so genau weiß ich es nicht.»

«Ich bin ein guter Prediger. Aber ein Evangelist bin ich nicht. Ich weiß nie, wann man den Sack zubinden und einen Aufruf schalten muss. Komm, wir machen was ab, Wanja. Ich predige, und wenn du den Eindruck hast, da könnte man die Menschen zur Bekehrung aufrufen, dann gibst du mir ein Zeichen. Ich unterbreche dann meine Predigt, und du kommst nach vorne und beendest sie mit einem Aufruf.»

Wanja wusste wirklich nicht, was er darauf antworten sollte. Da stand einer der besten Prediger seines Verbandes vor ihm. Und er, Schneider, bat ihn, den jungen Wanja, einzugreifen, um Menschen zum Glauben zu führen.

«Ich bin ja erst ein Anfänger», wollte Wanja den Vorschlag des Pastors abwehren.

«Und? Du bist wenigstens ein Anfänger. Ich habe keine Ahnung, und so, wie es aussieht, werde ich auch niemals eine Ahnung haben.»

Also sagte Wanja zu. Und tatsächlich, gleich am nächsten Sonntag predigte Schneider. Er sprach über das Heilsangebot Gottes in Christus. Es war eine starke Predigt. Immer wieder warf er Wanja einen Blick zu. Er ahnte wohl, diese Predigt könnte auch evangelistisch werden. Auch Wanja fühlte es. Er wurde immer unruhiger. Er musste sein Zeichen geben. Jetzt. Und ohne weiter zu überlegen, was er tat, gab er Schneider das Zeichen. Dieser sah das Auditorium an und sagte in einer Art und Weise, als wäre alles genau geplant:

«Und jetzt spricht unser Gemeindepraktikant Richter weiter.»

Wanja ging zur Kanzel. Er war völlig unvorbereitet. Er wusste nicht, wie Schneider seine Predigt abzuschließen gedachte. So etwas hatte er an der Bibelschule nicht gelernt. Ganz im Gegenteil, der Homiletiklehrer warnte beständig vor solchen Spontanauftritten. Aber kaum war Wanja bei der Kanzel angekommen, da ergriff ihn der Geist, und er sprach mit unvorstellbarer Vollmacht.

Dann rief er die Leute zur Entscheidung auf. Und tatsächlich: Die Menschen kamen.

«Das war sehr gut, Wanja. Mann, hast du einen Stiefel angehabt.» Schneider war aus dem Häuschen. «Aus dir wird ein großer Evangelist, Bruder. Lass mich dir das sagen.»

Wanja war begeistert. Nicht so sehr von seiner Predigt. Ihn begeisterte dieser Mann, der Pastor Schneider. Wo sonst würde man so gefördert werden wie hier?! Ab jetzt war er bereit, allen Anweisungen des Pastors zu folgen. Und diese kamen. Es wurde auf jeden Fall ein besonderes Praktikum.

Vertrauen lernt man mit dem Rücken zur Wand

Seit seiner Auswanderung aus der Sowjetunion träumte Wanja davon, etwas für die Gemeinden in der verlassenen Heimat zu tun. In das Land selbst ließ man ihn nicht. Auf jeden Fall nicht auf normalen Wegen.

Eines Tages stellten Mitarbeiter des Missionsbundes «Licht im Osten» die Arbeit ihres Werkes in der Bibelschule vor. Das Werk gab geistliche Literatur in den Sprachen des kommunistischen Ostens heraus und brachte diese auf illegalen Wegen über die Grenze. Wanja fing sofort Feuer. Hier könnte auch er mitarbeiten!

Gleich die nächsten Schulferien verbrachte er in Korntal bei Stuttgart in einer Schulung für Bibelschmuggler. Und nach ein paar Tagen Schulung ging es auch schon über die Grenze nach Ungarn. Dann folgten Einsätze in der Tschechoslowakei, in Rumänien und sogar in der Sowjetunion selbst.

«Du lernst nicht in der Bibelschule beten. Wenn du es wirklich lernen willst, dann komm mit in den Osten», sagte Wanja bereits nach seiner ersten Schmuggelfahrt zu seinen Kommilitonen. «Wirkliches Gottvertrauen lernt man mit dem Rücken zur Wand.»

Er selbst hatte viele Chancen, sein Gottvertrauen zu verbessern. Bezeichnend war die Reise nach Rumänien in den Sommerferien im Jahre 1977. Wanja reiste zusammen mit zwei jungen Frauen. Sie überquerten ohne große Mühe die Grenze nach Ungarn, aber an der rumänischen Grenze ließen die Zöllner sie stundenlang stehen, ohne sie zu beachten. Wanja kannte diese Strategie. Man versuchte die Reisenden unruhig zu machen, um so eventuell aus dem Verhalten Schlüsse ziehen zu können. Wurde jemand übermäßig unruhig, dann holte man den Wagen in eine geschlossene Werkstatt und begann langsam das Auto auseinanderzunehmen. Die Schmuggelfahrzeuge waren gut gebaut, man kam nur mit großer Mühe an die Verstecke. Oft ließen sich diese nur elektrisch öffnen. Auch die Zöllner wussten, wie gut die westlichen Bibelschmuggler ausgerüstet waren. Deshalb versuchte man es eben zuerst mit psychischem Druck.

Nach Stunden bangen Wartens kam schließlich ein Beamter auf das Wohnmobil der Bibelschmuggler zu. Er hielt eine Bohrmaschine in der Hand.

«Biblia hier», sagte er und zeigte auf den Boden des Autos.

Wanja fing an, «dem Beamten die Augen zuzuschmieren», indem er auf seinen Koffer zeigte.

«Ich habe Biblia in meinem Koffer.» Er ging zu seinem Koffer. Blieb dann stehen, drehte sich zum Beamten um und fragte fast beiläufig, ob denn die Mädchen auf die Toilette gehen dürften. «Wir stehen hier schon seit Stunden», erklärte er.

Der Beamte nickte.

«Ihr dürft aufs Klo, Mädels», winkte er seinen beiden Begleiterinnen zu.

«Ist schon gut, Wanja ...», sagte die eine.

«Nur nicht so schüchtern. Geht jetzt aufs Klo. Hinter der Grenze kommt bestimmt nicht so bald wieder eine solche Gelegenheit.»

Seine Stimme verlangte Gehorsam. Die Schwestern mussten gar nicht, aber beide gehorchten und verließen das Wohnmobil.

«Die bin ich erst mal los. Es wird bestimmt gleich recht heiter», dachte Wanja, während sein Herz anfing, heftig zu klopfen. «Hilf uns, Herr!», schrie er innerlich zu Gott.

Wanja öffnete seinen Koffer, nahm ein dickes Mathematik-Lehrbuch heraus und reichte es dem Beamten.

Dieser fing an laut zu lachen. «Biblia – religiöses Biblia – hier. Kontrabanda», wiederholte er, dann entfernte er einen Teppich vom Boden und setzte seinen Bohrer an.

«Der weiß, dass wir Bibeln geladen haben», schoss Wanja der Gedanke durch den Kopf. «Irgendjemand muss uns verraten haben.»

Unfähig, die Verstecke zu öffnen, beschloss der Beamte, ein Loch in den Boden zu bohren. Herauskommen würde bald Papier. Und das wäre dann der allerwichtigste Beweis für Bibelschmuggel. Dann würde man das Auto beschlagnahmen und es mit Gewalt öffnen.

«Gott, tu was!», schrie Wanja in seinem Herzen. Nur ein Wunder konnte ihn und seine Mitarbeiterinnen noch aus dieser Situation retten. Er protestierte laut. Drohte damit, die deutsche Botschaft in Bukarest anzurufen. Aber in seinem Herzen schrie Wanja zu Gott.

Und der gute Herr tat ein Wunder. Ein großes Wunder!

Der Beamte bohrte ein Loch, aber heraus kamen nur Metallspäne. Er bohrte ein zweites Loch in einer anderen Ecke des Autos. Dann ein drittes, ein viertes und schließlich ein fünftes Loch. Aber das Ergebnis war immer gleich. Heraus kamen nur Metallspäne. Wanja, der am Anfang wie gebannt dem Treiben des Beamten zusah, wurde jetzt noch lauter.

«Wer gibt Ihnen das Recht, mein Auto zu demolieren?», schrie er. Er holte eine Fotokamera und wollte gerade ein Bild machen, als der Beamte seine Bohrmaschine vom Boden nahm und in gut verständlichem Deutsch sagte:

«Sie scheinen tatsächlich nichts drin zu haben. Mich wundert es nur, warum dieses Auto einen so großen Abstand zwischen dem Innen- und Außenraumboden hat. Ich muss mich wohl doch getäuscht haben.» Er entschuldigte sich sogar und schlug friedfertig vor, sie dürften sofort weiterfahren, wenn sie jetzt auf unnötige Beschwerden verzichten würden.

Jetzt nickte Wanja.

Der Beamte verließ das Auto, und Wanja fuhr weiter zur Grenze vor. Bald kamen die beiden Mitarbeiterinnen dazu, und sie fuhren nach Rumänien hinein.

«Der wollte unser Auto demolieren», sagte Wanja laut. Schaut euch mal die Schweinerei an.»

«Und?», fragte eines der Mädchen.

«Was heißt hier: und? Sollte ich vielleicht den deutschen Botschafter anrufen? Dann hätten wir auch gleich an der Grenze Urlaub machen können. Wer hier in die Karpaten will, der muss lernen, diesen Typen da viel zu vergeben.»

«Du brauchst nicht so zu schreien, Wanja», sagte eine

der beiden. Sie war zum ersten Mal auf einer solchen Reise und wusste noch nicht, dass die Grenzbeamten in der Regel noch bis zu einem gewissen Abstand westliche Autos abhören konnten.

«Ich rede extra so laut. Sie sollen ruhig hören, wie sauer ich bin.»

Die andere Mitarbeiterin beschwichtigte ihn bewusst betont. Aber sobald sie aus der Gefahrenzone heraus waren, hielt Wanja den Wagen an.

«Ein Wunder ist da soeben passiert, Mädels, ein Wunder. Fünf Mal hat dieser Typ genau da hineingebohrt, wo unsere Bibeln liegen. Und nichts, nichts außer Metall kam heraus. Ich habe es mit meinen eigenen Augen gesehen. Da soll mir mal jemand sagen, es gibt keine Wunder. Ist Gott nicht klasse? Er verwandelt Wasser in Wein und Papierfetzen in Metallspäne.» Wanja konnte sich nicht wieder einkriegen. Er jubelte.

«Vielleicht ist auch etwas anderes passiert», fügte Anja hinzu, die zum ersten Mal eine solche Fahrt mitmachte. Erst jetzt dämmerte es ihr, wie nahe sie dem Gefängnis gewesen waren. Sie fing an, am ganzen Körper zu zittern.

«Ist doch egal, Anja, was da passiert ist. Aber fünf Mal in Bücher zu bohren und kein Papier nach draußen zu befördern, so etwas geht ohne Wunder nicht ab.»

Anja bejahte.

«Wir sollten Gott ein großes, großes Dankeschön sagen», schlug Sabine, die zweite Mitarbeiterin vor. «Ich bin schon oft in den Osten gereist, aber so nahe bin ich der Verhaftung bisher noch nie gewesen. Erst jetzt begreife ich, wie schnell so etwas gehen kann.»

Sie gingen ins Gebet und dankten Gott für die Bewahrung. Zwei Tage später öffnete Wanja die Verstecke. Er war so gespannt, was nun wirklich passiert war. Sie holten die Bibeln heraus, aber diese wiesen keine Spuren eines Bohrers auf. Alle Pakete waren heil. Wanja war fast enttäuscht, dass das große Wunder so normal abgegangen war.

«Der wird zwischen die Pakete gebohrt haben», schlug Anja vor.

«Das wäre immerhin auch ein großes Wunder.»

«Nein, er traf fünf Mal eine Konsole, die unser Versteck stützt. Es gibt hier nur fünf davon. Sie sind jeweils einen Quadratzentimeter groß. Und ausgerechnet diesen einen Quadratzentimeter traf der Mann jedes Mal. Das erklärt auch die vielen Metallspäne.»

«Der Heilige Geist hat die Hand dieses Beamten geleitet. Der bohrte, wo es ihm richtig erschien, aber seine Gedanken wurden vom Herrn gelenkt. So etwas nenne ich Präzision.» Jetzt fing auch die etwas unterkühlte Anja an zu jubeln.

«Ein Ungläubiger würde vielleicht einen Zufall vermuten. Aber wie würde da die Wahrscheinlichkeitsrechnung aussehen, wenn man auf einer Fläche von vier Quadratmetern fünf Mal genau diesen einen Zentimeter erwischt? Aber hallo. Ist Gott spitze!»

Und nicht weniger spitze war eine andere Erfahrung. Wanja war wieder einmal unterwegs nach Rumänien. Sie fuhren nach Kronstadt in Siebenbürgen. Die Reise verlief ohne Zwischenfall, und so erreichten sie die Stadt und das Haus ihres Kontakts wie abgesprochen spätabends. Auch hier klappte alles bestens. Sie parkten ihr Wohnmobil auf dem Marktplatz in der unmittelbaren Nähe der Polizei. Und während eines der Teammitglieder draußen den Wagen wusch, öffneten sie die Verstecke und holten die russischen Neuen Testamente heraus. Von Kronstadt aus würden rumänische Christen diese weiter nach Moldawien in der Sowjetunion bringen.

«Wir sind doch nicht ganz normal. Wer packt schon seine Schmuggelware direkt vor der Polizei aus?», sagte einer der Mitarbeiter ungehalten.

«Das ist am sichersten, Freunde», belehrte Wanja seine Mitreisenden. «Die Polizei sieht unter der eigenen Nase am wenigsten. Wer von diesen Angsthasen wird denn schon vermuten, dass Schmuggler so dreist sind und direkt vor der Polizeistation ihre Ware ausladen?»

Mit zittrigen Händen holten seine Mitarbeiter die wertvollen Bücher aus den Verstecken.

Gegen Abend fuhren sie zum vereinbarten Parkplatz außerhalb der Stadt. Ihr Kontakt wartete schon. Schnell warfen sie die Bibeln in seinen Autoanhänger. Sie waren fast fertig, als ein Wagen auf den Parkplatz fuhr.

«Polizei, schnell weg hier», befahl Wanja.

Im Nu saßen alle im Wohnmobil. Mit quietschenden Reifen fuhr er an der verdutzten Polizei vorbei auf die Straße.

«Wir müssen ihn von unserem Kontakt ablenken. Wenn der dran ist, dann sind nicht nur die Bibeln verloren, sondern dieser Familienvater geht für Jahre ins Gefängnis. Werden wir erwischt, so droht uns schlimmstenfalls ein kurzer Aufenthalt in einer verlausten Zelle des Herrn Ceauşescu»[5], sagte Wanja.

Das Überraschungsmanöver gelang. Die Polizisten

---

[5] Name des berüchtigten Diktators, des Generalsekretärs der Kommunistischen Partei Rumäniens.

wendeten ihren Wagen und nahmen die Verfolgung auf. Aber was konnte schon ein rumänischer Dacia gegen einen VW ausrichten? Wanja raste in Richtung der abendlichen Stadt, er überfuhr ein paar rote Ampeln und war in weniger als einer Viertelstunde wieder außerhalb der Stadt. Hier hängte er den Verfolger bald ab. Sobald man keinen Dacia mehr sah, drehte er von der Hauptstraße ab und fuhr querfeldein seitlich ab. Nach einer halben Stunde hielt er den Wagen an. Hinter ihnen war alles still.

«Sie haben uns verloren», sagte Holger, eines der Teammitglieder. «Wahrscheinlich haben sie kein Telefon im Auto gehabt. Aber jetzt werden sie sicher eine landesweite Fahndung ausrufen.»

«Mann, habe ich gebetet: Mir tropft der Schweiß von der Stirn», meldete sich Peter, der Dritte im Team. «Das war ja fast wie auf den Straßen von San Francisco.»

«Und du wirst auch weiterbeten müssen, Piet. Wir haben die Wespen jetzt aufgescheucht. Sie haben sicher große Lust, so bald wie möglich zuzustechen. Ich schlage vor, wir fahren bis zur nächsten Kreuzung oder in den nächsten Ort und versuchen uns zu orientieren, wo wir sind. Und dann müssen wir alles wagen, um heute noch über die Grenze nach Ungarn zu gelangen. Wenn die Nachricht erst raus ist und man uns ab morgen Früh im ganzen Land sucht, dann haben wir kaum eine Chance, der Polizei zu entfliehen», sagte Wanja ruhig.

«Mann, du bist ja gar nicht aufgeregt, Wanja. Dabei hast du gerade eben noch am Steuer gesessen.»

«Ich bin aufgeregt, Piet. Und wie! Aber was hilft das? Gar nichts. Was wirklich helfen würde, wäre, wenn wir bald wüssten, wo wir uns befinden. Und dann brauchen wir ein Wunder Gottes.»

«Wieder einmal. Sollte doch für Gott eine Kleinigkeit sein», schob Holger ein.

«Für ihn schon. Ich habe aber noch nie ein Wunder erlebt», antwortete Piet. «Für Wanja und dich ist das alles Alltag, so scheint es. Ich habe erst einmal eine solche Reise gemacht. Da lief alles völlig normal ab.»

«Na dann, Bruder Piet, bete um ein Wunder. Wir werden es bestimmt brauchen.»

Sie fuhren los. Und schon wenige Kilometer weiter trafen sie auf eine Siedlung. Es war ein kleines Dorf, und Holger fand es auf der Karte.

«Da ist das Dorf. Wir befinden uns fünfzig bis sechzig Kilometer östlich von der Straße, die nach Hermannstadt führt. Gut gemacht, Wanja, wir sind keinen Umweg gefahren. Und wenn wir uns jetzt hier durch die Karpaten schlagen, dann liegt die Grenze direkt vor uns. Die Hauptstrecke führt durch die Großstadt Sibiu, wie man Hermannstadt hier nennt. Da würde ich nicht durchwollen.»

«Ich auch nicht», antwortete Wanja und fuhr los.

Die ganze Nacht waren die jungen Leute unterwegs. Sie wechselten sich ein paar Mal am Steuer ab und erreichten gegen fünf Uhr die rumänisch-ungarische Grenze. Der Grenzübergang war praktisch leer.

«Ist das ein gutes oder ein schlechtes Zeichen?», fragte Piet.

«Mal sehen, Bruder, es kann ein sehr gutes Zeichen sein. Auf jeden Fall sollten wir bis zur Wachablösung um sieben über die Grenze sein. Dann kommt nämlich die nächste Schicht, und diese wird damit beginnen, alle

Nachrichten zu sichten. Wenn sie einen Polizeibericht aus Kronstadt erhalten haben, sitzen wir mit Sicherheit fest.»

«Statt über Wenn und Aber nachzugrübeln, Freunde», unterbrach sie Wanja, der gerade wieder am Steuer saß, «betet lieber dafür, dass wir es über die Grenze schaffen. Seit zehn Minuten leuchtet unsere Benzinanzeige. Wir haben bald keinen Sprit mehr.»

«Auch das noch. Wir haben heute tatsächlich nur Pech.» Piets Stimme klang jämmerlich und betroffen.

«Oder auch großes Glück, Piet. Du wolltest doch ein Wunder Gottes sehen. Da zieht der Herr aber ganz schön schwarze Wolken zusammen», entgegnete ihm Holger.

«Also, her mit euren Pässen. Da kommt er schon», rief Wanja seinen Freunden zu. «Mann, der Typ ist wahrscheinlich total voll.»

Und tatsächlich: Der Grenzbeamte war besoffen.

«Halt», schrie er. «Aussteigen und alle Sachen heraus.»

«Holger, steig bitte aus und lass schon mal die Pässe abstempeln. Ich nehme mir diesen Typen vor. Darf ich dein Bier verbrauchen?»

«Na, klar doch, Wanja, immer.»

«Und du, Piet, gehst sofort aufs Klo und kommst erst heraus, wenn ich nach dir rufe. Du siehst aus, als hätte man dich bereits verhaftet.»

Wanja hielt den Wagen. Holger sprang hinaus und ging an dem wild gestikulierenden Beamten vorbei zum Zollbüro. Auch Wanja sprang aus dem Wagen, ging auf den Zöllner zu und fragte ihn, wo denn hier das Klo sei. Dieser zeigte in die Richtung des Abfertigungsgebäudes. Dann lud Wanja den Beamten ein, sich die Sachen anzusehen.

«Alles heraus», befahl dieser mit schwerer Zunge.

Wanja holte einen Koffer heraus. Dann eine Packung Jakobskaffee und schließlich eine Packung Heineken Bier. Wie selbstverständlich nahm er eine der Bierdosen und reichte sie dem Beamten.

«Einen Schluck Bier vielleicht?»

Der Beamte drehte sich um. Keiner seiner Kollegen sah zu. Der deutsche Wagen war das einzige Fahrzeug an der Grenze.

«Bitte», sagte er. Er nahm das Bier und leerte die Dose.

«Noch eins?», fragte Wanja und zeigte ihm die restlichen fünf Dosen aus dem angebrochenen Sechserpack.

«Alle. Ich alle und Kaffee auch.»

Wanja gab ihm das Bier und die Packung Kaffee. Der Beamte drehte sich um und torkelte zurück ins Abfertigungsgebäude. Holger kam ihm bereits entgegen. Er hatte die abgestempelten Pässe. Und Piet lief ihm hinterher.

«Los geht's!», rief Wanja. Nach ein paar Minuten hatten sie Rumänien hinter sich gelassen.

«Preist den Herrn, Brüder. Das war wunderbar! Die waren alle stockbesoffen. Auch wenn die Polizei diesen Säufern eine Nachricht geschickt haben sollte, gesehen haben die bestimmt nichts.»

«Noch nicht, Holger. Noch nicht. Wir sind noch nicht aus dem Ostblock heraus. Ich bin jedenfalls erst dann sicher, wenn wir in Österreich sind», antwortete Wanja. «Wir brauchen dringend Diesel.»

Gleich hinter der Grenze fuhren sie auf eine Tankstelle. Ein verschlafener Tankwart blickte aus seinem kleinen Häuschen und sagte: «Kein Diesel. Heute keiner – morgen keiner – übermorgen keiner. Nach nächste Stadt fahren. Siebzig Kilometer fahren. Da Tankstelle. Da fragen. Hier kein Diesel. Siebzig Kilometer fahren.»

«Aber wir brauchen Diesel. Jetzt!» Wanja deutete auf die Anzeige.

«Kein Diesel. Morgen nicht, übermorgen nicht.»

«So was. Und was machen wir jetzt, Brüder?» Wanja sah seine Mitfahrer prüfend an.

«Beten und fahren», antwortete Holger. «Wir müssen auf jeden Fall von der Grenze weg.»

Also fuhren sie. Und tatsächlich: In einer Stunde erreichten sie die nächste Stadt. Aber auch hier gab es kein Diesel. Mit ähnlichen Worten wie sein Kollege schickte auch dieser Tankwart die drei zur nächsten Stadt. Nach insgesamt über einhundertfünfzig Kilometern erreichten sie schließlich eine Tankstelle, die Diesel hatte. Sie tankten. Der Tank fasste achtzig Liter. Sie tankten 81. Er war offensichtlich total leer.

Wanja konnte nicht mehr weit fahren. Er bog bei der ersten Gelegenheit von der Straße ab, hielt den Wagen, legte seine Ellbogen auf das Steuerrad, verbarg sein Gesicht darin und weinte. Zuerst die Anstrengung der Nacht, und jetzt das unbegreifliche Wunder! Sie waren einhundertfünfzig Kilometer von der Grenze weg. Schon an der Grenze hatte der Tankanzeiger auf einen leeren Tank hingewiesen. Und auch wenn sie vielleicht noch fünfzig Kilometer mit dem Rest des Diesels gefahren waren …

«Womit ist dieser Wagen gefahren?», fragte Piet, dem es genauso ging wie Wanja. Auch ihm flossen die Tränen aus den Augen.

«Du wolltest doch ein Wunder, Piet. Da hast du eines. Ich habe jedenfalls schon viele erlebt. Das hier ist eines der größeren», sagte Holger. Seine Augen leuchteten vor Glück.

«Ich habe keine Kraft mehr zu fahren. Lasst uns in der nächsten Stadt in ein Restaurant gehen und Gottes Größe feiern. Wer aus Luft Diesel machen kann, der kann auch ein paar rumänischen, ungarischen und sonstigen kommunistischen Verfolgern die Augen schließen. Haben sie uns bis jetzt nicht erwischt, so werden sie es mit Sicherheit auch später nicht mehr.»

Und so machten sie es. Sie feierten am Mittag, gingen dann schlafen und suchten auch abends nochmals eines jener traumhaften Lokale auf, wo das Essen billig und überaus schmackhaft ist. Doch was war das leckere Essen schon gegen die Güte Gottes, die die drei auf dieser Reise erfahren hatten!

– 4. –
Spaß muss sein

Bibelschulen sind Gottes Schmieden. Hier werden Menschen auf den Dienst im Reiche Gottes vorbereitet. Aber Bibelschüler sind keine Engel. Es sind Menschen. Dazu noch junge Menschen. Und drei Jahre auf engem Raum sind eine lange Zeit. Natürlich erwartet man von Bibelschülern Disziplin und eine überdurchschnittliche Frömmigkeit. Aber wo Fleisch und Blut zusammenkommen, da menschelt es bald.

Auch wenn man nicht des Spaßes wegen auf die Bibelschule gegangen ist, so geht es ohne Spaß nicht wirklich. Und auch wenn man nicht zur Bibelschule gekommen ist, um sich hier ein holdes Weib zu angeln, so kann sich kaum jemand der Liebesgefühle erwehren, die in einem solchen Treibhaus entstehen, wie das Lichthaus auf dem Berge es nun mal darstellte.

Auch in Neuland waren die Bibelschüler nur Menschen. Die Lehrer hatten es in dieser Hinsicht einfacher, sie waren verheiratet, hatten ihre Familien und konnten sich daher immer wieder in ihre normale Welt zurückziehen. Auch Wanja, der eine Jugendgruppe der Gemeinde leitete und dessen Familie in der unmittelbaren Nähe der Gemeinde lebte, hatte es etwas einfacher. Die anderen aber wurden angehalten, dauerhaft fromm zu sein. Und natürlich waren sie auch fromm. Aber auch fromme Menschen sind, wie gesagt, keine Engel. Deshalb gab es in «Licht auf dem Berg» immer wieder tolle Geschichten. Wanja, der sich anfangs über manche Ein-

und Ausfälle seiner Mitschüler wunderte, machte bald selbst fast bei jedem Spaß mit.

«Kreativität wird nicht dadurch geboren, dass man im vorgegebenen Rahmen eine Predigt vorbereitet, sondern da, wo man den Rahmen des Alltäglichen sprengt und über sich selbst und seinen Nächsten zu lachen beginnt. Wo gelacht wird, da erkennt man bald das Absurde des Alltags und bemüht sich um eine Änderung. Wo nicht gelacht wird, da bleibt alles beim Alten. Und das Alte wird zu Tradition und die Tradition zu einem musealen Gut. Weil wir das nicht wollen, müssen wir Lacher produzieren. Natürlich so, dass die Würde unseres Nächsten gewahrt bleibt», schrieb Wanja eines Tages in sein Tagebuch. Das Tagebuch selbst würde er aber für kein Geld der Welt jemandem zum Lesen geben, denn darin standen all jene Streiche, die er mit den anderen ausgeheckt hatte, um die Absurdität der Tradition bloßzustellen.

Wenn Bibelschuldämonen entlarvt werden

Was für Glaubensvorstellungen haben doch die Menschen! Bibelschüler sind auch deshalb Bibelschüler, weil sie gelernt haben zu glauben. Und gelernt haben sie das in ihren jeweiligen Gemeinden. Je länger Wanja seine Mitschüler kannte, desto mehr wunderte er sich, was man so alles glauben konnte und wie schwer das einmal Erlernte abzulegen war. Thomas, zum Beispiel, wuchs in einer Gemeinde auf, die sich bewusst dem geistlichen Kampf widmete.

«Unser Kampf ist nicht gegen Fleisch und Blut», zitierte Thomas gleich beim ersten ernsthaften Gespräch mit Wanja die bekannte Bibelstelle aus Epheser 6,12. «Dämonen sind überall. Sogar hier auf dem Gelände der Bibelschule», meinte er. Und so richtig seine Ansichten waren, so problematisch konnten sie werden. Missfiel ihm eine Meinung, so war sie unter dem Einfluss von Dämonen entstanden; passierte etwas Unerwartetes, so waren es natürlich wieder die gefallenen Engel. Kurzum, Thomas witterte hinter jedem Busch den Teufel. Man redete mit ihm, diskutierte bis in die Nacht, aber nichts half.

«Ich schlage vor, wir helfen unserem Bruder auf Russisch», sagte Wanja eines Tages, als sie sich wieder über die lästig gewordene Dämonophobie[6] von Thomas unterhielten. «Angst muss mit Angst ausgetrieben werden. Wir machen ihm also Angst. Bis jetzt ist das alles nur Imagination. Soll er so etwas wie einen Dämon mal in Wirklichkeit erleben.»

«Und woher willst du einen Dämon nehmen?», fragten gleich mehrere Mitschüler.

«Wir schaffen einen», antwortete Wanja und erklärte seine Idee. Der Einfall gefiel den Brüdern, und so gingen sie ans Werk.

Am nächsten Tag, als es draußen dunkel wurde, kam Thomas schreiend aus dem gemeinsamen Badezimmer im zweiten Stock des Bruderhauses gelaufen.

«Im Klo sind Dämonen», schrie er völlig außer sich.

«Beruhige dich, Thomas. Komm, sag uns, was passiert ist», versuchte ihn einer seiner Kommilitonen zu beschwichtigen.

«Ich, ich war auf dem Klo, und da ertönte auf einmal eine schreckliche Stimme hinter meinem Rücken», be-

[6] Angst vor Dämonen

richtete Thomas schwer atmend. Er stand ganz offensichtlich unter einem großen Schock.

«Wir gehen und sehen mal nach. Wanja, kommst du mit?»

«Klar. Ich komme gerne mit», antwortete dieser. Er hatte sowieso große Mühe, sein Lachen zurückzuhalten. Sie gingen ins Badezimmer. Aber hier war alles ruhig. Andere kamen hinzu. Es war nichts zu hören. Im Badezimmer herrschte absoluter Bibelschulfrieden. Schließlich traute sich auch Thomas wieder ins Bad. Aber er sah und spürte genauso wenig.

«Ich kann schwören, hier war ein Dämon. Aber jetzt, wo ihr da seid, ist er weg.»

Am nächsten Tag wiederholte sich die Szene. Und dann wieder. Thomas versuchte am Tage aufs Klo zu gehen. Aber sobald er allein war, hörte er höllische Stimmen. Kamen die Bibelschüler dazu, war alles wieder still.

«Du bist krank, Thomas. Du solltest dich untersuchen lassen», schlug Wanja nach einer Woche vor.

«Ich bin nicht krank. Ihr glaubt es mir nicht. Ich sehe doch, wie ihr euch hinter meinem Rücken über mich lustig macht.» Er ging zur Schulleitung und beschwerte sich.

«Wir gehen jetzt gleich ins Bruderhaus. Du gehst ins Badezimmer, und anschließend gehe ich rein», schlug ihm die Hausmutter vor. Sie war Missionarin in Afrika gewesen und kannte sich mit solchen Spukgeschichten recht gut aus. Also ging Thomas. Und tatsächlich, eine gruselige, höllische Stimme ließ ihn vor Angst zusammenzucken und aus der Toilette springen. Die Hausmutter ging hinterher. Wenige Minuten später kam sie mit einem kleinen Lautsprecher aus dem Bad.

«Das hier ist dein Dämon. Siehst du? Deine Mitschüler spielen dir einen Streich. Und du bist völlig unfähig, einen echten Dämon von einer solchen Kindergartenattrappe zu unterscheiden.»

Thomas war schockiert. Und sauer. Man hatte ihn vorgeführt, und er ahnte schon, wer es gewesen war – Wanja Richter. Nur der konnte auf eine solche Idee kommen. Ohne auch nur ein weiteres Wort mit der Hausmutter zu sprechen, lief Thomas in Wanjas Zimmer. Die Tür stand offen. Er ging hinein und fing an, wild gestikulierend nach einem Mikrofon zu suchen.

«Du steckst hinter der Sache. Gib's schon zu. Wo ist der Sender? Ich will den Sender sehen!»

In der Tür stand die Hausmutter. Auch sie wollte wissen, wer hinter der Dummheit steckte.

«Wovon redest du, Thomas? Hier findest du keinen Sender. Mann, da muss dir jemand übel mitgespielt haben. Ich habe es dir doch schon wiederholt gesagt: Bete um die echte Gabe der Geisterunterscheidung, und höre auf, hinter jedem Busch einen Dämon zu sehen.»

Thomas fand nichts. Müde setzte er sich hin.

«Ich glaube, ich kann jetzt gehen», sagte die Hausmutter. «Wir haben die Dämonie aufgeklärt, und morgen bei der Andacht gibt es ein Nachspiel.»

«Irgendjemand hat es doch getan, Wanja.»

«Sicher, irgendjemand hier auf der Schule war das Gerede von deinen ständigen Geistererscheinungen leid und hat dir eine Lektion verpasst. Jetzt kann es jeder sehen: Du hast die Gabe der Geisterunterscheidung auf jeden Fall nicht.»

«So wie es aussieht, hast du Recht. Hast du sie denn, Wanja?»

«Schon eher als du, Thomas.» Und Wanja erzählte dem aufgewühlten jungen Mann ein paar Geschichten von Begegnungen mit der finsteren Macht.

«Ich würde gerne mit dir eine Abmachung treffen, Wanja. Immer wenn ich den Eindruck habe, dass da wieder einmal ein Dämon ist, frage ich dich. Siehst du keinen, so glaube ich dir einfach.»

«Und wenn ich mir nicht sicher bin, dann holen wir einen anderen dazu. Jost zum Beispiel.»

«Das ist eine sehr gute Abmachung, Thomas», hörten die beiden auf einmal Jost sagen. Dieser stand breit lächelnd in der Tür. Hinter ihm standen die anderen Brüder aus dem Bruderhaus.

«Wir wollen uns bei dir entschuldigen, Thomas. Es war nicht böse gemeint, aber deine Dämonenlehre ging uns allen auf den Keks, verstehst du ...»

«Und wer war es wirklich?», wollte Thomas wissen.

«Wir alle, Bruder. Und wir alle müssen uns bei dir entschuldigen», sagte Wanja.

«In Ordnung, Freunde, ich vergebe euch. Es war zwar nicht besonders nett, wie ihr mich da vorgeführt habt. Aber wahrscheinlich konnte man es mir anders nicht erklären. Ihr habt es ja nicht nur einmal versucht.» Thomas erhob sich von seinem Platz und ging erst auf Jost, dann auf die anderen Brüder zu.

Und am nächsten Morgen, als die Hausmutter bei der Schulandacht von dem unerhörten Vorgang an der Schule berichtete und der Schulleiter den Bösewicht nach vorne zu kommen bat, standen alle Brüder des Bruderhauses auf und marschierten nach vorne. Auch Thomas ging mit. Der Schulleiter verstand nichts mehr.

«Ich denke, Thomas, man hat dich damit belästigt, oder? Warum kommst du jetzt nach vorne?»

«Es war bestimmt nicht die feine englische Art, was die sich da ausgedacht haben, aber ich war wirklich total auf Dämonen fixiert. Ich glaubte, dass Gott mir die Gabe der Geisterunterscheidung gegeben habe. Durch diesen Spaß ist mir klar geworden, dass es nicht mehr als eine fixe Idee war. Also bitte, nehmen Sie es meinen Brüdern nicht übel.»

«Für dieses Mal noch, Freunde», sagte der Schulleiter. «Wir sind eine Bibelschule und nicht eine außer Rand und Band geratene Jugendgruppe. Dieses Mal ist noch alles gutgegangen. Hätte Thomas aber schwächere Nerven, so hätten wir ihn wahrscheinlich in die Psychiatrie bringen können. Also, ich will nichts dergleichen mehr sehen.»

Aber er sah noch viele solcher Geschichten.

Beim Schall der letzten Posaune

Es war etwas ganz Alltägliches. Ein vor Jahrzehnten angelegtes Grab sackte in sich zusammen. So etwas passiert sicher täglich auf den Friedhöfen Deutschlands. Doch dieses Mal war vieles anders. Das Grab beherbergte die Überreste eines der wichtigsten Väter der Bibelschule «Licht auf dem Berg». Einige Studenten wurden gebeten, die Grabstätte mit Erde aufzufüllen und den Stein wieder ordnungsgemäß zu platzieren. Eigentlich auch nichts Weltbewegendes. Aber die Geschichte gab den Dozenten einen Anlass, über Tod und Ewigkeit zu reden.

Bald brodelte es in der Schule. Wann würde der Herr wiederkommen – vor, während oder nach der großen Trübsal? Hatte dieser Vater der Schule Recht mit seiner

Theorie der Wiederkunft und Auferstehung? War sein Heilsplan theologisch haltbar? Jedenfalls wurde heftig diskutiert. Und wie immer in solchen Fällen, wo die Bibel mehr Fragen als Antworten hinterlässt, schieden sich die Geister in mehrere, von ihrer Meinung «völlig» überzeugte Lager. Merkwürdig war nur, dass es vor allem Schwestern waren, die die Sicht verteidigten, Jesus würde vor der großen Trübsal kommen. Jesus würde doch nie im Leben seinem Volk so große Leiden zumuten, wie sie die biblische Vision von der Trübsal verhieß.

Wanja ärgerte diese Meinung. Er selbst hatte durch Verfolgung, Schmerz und Leid gehen müssen. Seine Brüder in der Sowjetunion, in China und vielen anderen Ländern der Welt sahen sich mit schwerster Verfolgung konfrontiert, aber die satten und behüteten deutschen Damen konnten es sich nicht vorstellen, dass Jesus ihnen ein bisschen Leid zumuten würde. Sein Geduldsfaden riss ganz, als er eines Tages von einem seiner Freunde die Geschichte jenes äthiopischen Gemeindeleiters hörte, dessen Kinder eines nach dem anderen vor seinen Augen umgebracht wurden. Er solle seinem Jesus absagen, forderten die Mengistu-Sicherheitsbeamten[7] von ihm. Sein letztes Kind, das gerade ein Jahr alt war, fasste einer der Beamten an den Beinchen und zerschmetterte ihm den Kopf an einer Betonwand. Der Mann sei in einer Stunde völlig ergraut, berichtete man. Als Wanja die Geschichte in seiner Klasse weitergab und dann etwas provozierend fragte, ob das nicht so ähnlich sei wie in der großen Trübsal, forderte eine der Schwestern ihn auf,

[7] Mengistu war der kommunistische Diktator Äthiopiens.

doch bitte nicht zu vergessen, dass er jetzt im freien Westen lebe.

Das war zu viel. Wanja sammelte noch am gleichen Abend seine Freunde und schlug vor, diesen Dispi-Schwestern[8] eine Lektion zu verpassen: «Wir bauen uns nachts auf dem Friedhof auf. Nehmen große weiße Laken und beleuchten sie mit Taschenlampen von unten. Du, Hans-Peter, nimmst dein Blasinstrument und spielst einen Hymnus, der die Heiligen bei der letzten Posaune zum Herrn ruft. Unsere Schwestern werden aufwachen, aus den Fenstern schauen und dann sehen, wie auf dem Friedhof weiße Gestalten gen Himmel aufbrechen. Die fallen bestimmt auf die Sache herein.»

Und ob die Mädchen hereinfielen. Hans-Peter spielte seine Posaune, und alles lief nach Plan. In den Zimmern des Mädchenheimes gingen die Lichter an. Und dann kamen sie eine nach der anderen aus dem Wohnheim «dem Herrn entgegen». Sie schienen so von der Hoffnung erfasst zu sein, dass keine von ihnen sich anzog. In Nachthemden, so wie die Posaune sie aus dem Schlaf

---

[8] Spitzname für dispensationalistisch eingestellte Bibelschülerinnen. Dispensationalismus ist eine Bibelauslegung, die verschiedene Zeitalter in der biblischen Heilsgeschichte unterscheidet und bei der Auslegung berücksichtigt. Sie geht dabei von der Wortverwendung «Verwaltung der Gnade» (Epheser 1,1–11) aus. Eine Verwaltung (griechisch *oikonomia* = «Hausgesetz», lateinisch *dispensatio*) wird demnach als eine Zeitspanne in Gottes Heilsplan definiert, in der eine bestimmte charakteristische geistliche Zielsetzung erkannt werden kann, die sie von anderen unterscheidet. Sie lässt den Menschen dieser Zeit gewisse Gaben, Segnungen und Güter zukommen, die es zu anderen Zeiten so nicht gegeben hat oder geben wird (Quelle: de.wikipedia.org).

gerissen hatte, kamen sie heraus. Doch da brach der Schall der Posaune ab, und an deren Stelle schlug den ehrfurchtsvoll dreinblickenden Schwestern lautes Gelächter entgegen.

Geschockt liefen sie zurück in ihre Zimmer. Und am nächsten Tag gab es mächtig Ärger. Um seine Brüder in Schutz zu nehmen, gab Wanja zu, dass er derjenige gewesen war, der auf die verrückte Idee gekommen sei.

«Ich habe mich daran gestoßen, dass sie so flach denken und wollte ihnen zeigen, wie schnell man auf eine falsche Vorstellung hereinfallen kann», rechtfertigte er sein Benehmen.

«Du treibst Spaß mit einer der heiligsten Erwartungen der Christen. Meinst du, so etwas ist angebracht? Meinst du, Gott gefällt so etwas? Und ist es denn richtig, die Gefühle deiner Geschwister zu verletzen?» Der Schulleiter, der Wanja zur Rede stellte, war außer sich. «Gerade du, Wanja, dem das geistliche Leben ein solches Anliegen ist, solltest es doch besser wissen.»

«Ich werde mich bei den Mädchen entschuldigen», versprach er, «aber mit ihren Ansichten bin ich trotzdem nicht einverstanden. Verletzen sie denn nicht genauso die Gefühle all derer, die um des Glaubens willen durch schwere Verfolgung, ja sogar durch den Tod gehen, wenn sie mit Theorien liebäugeln, die sie möglichst unbeschwert in den Himmel bringen?»

«Wenn sie das diesen Geschwistern ins Gesicht sagen würden, dann wohl schon. Aber wir sind hier auf einer Bibelschule, und hier darf man auch mal jede Theorie bedenken.»

«Sie haben es mir ins Gesicht gesagt. Und ich bin

durch Verfolgung gegangen», entgegnete Wanja dem Schulleiter.

Der Schulleiter stockte. Wanjas persönliche Geschichte war ihm gut bekannt. Er hatte bestimmt alles Recht, sich verletzt zu fühlen.

«Ich verstehe. Es hat dich geärgert und vielleicht sogar verletzt. Aber gibt dir so etwas das Recht, an den Mädchen Rache zu üben?»

«Nein. Es sollte auch keine Rache sein. Es sollte nur eine praktische Lektion sein, die zum Nachdenken bewegen würde. Wenn es aber doch so ankam, als würde ich Rache üben, dann war es falsch.»

«Lass das, Wanja. Spaß dieser Art kann böse enden.» Die Stimme des Schulleiters klang wieder versöhnlich.

Wanja entschuldigte sich bei der Schule für den Streich, und das Thema war für eine Zeitlang vom Tisch.

Heucheln nicht geduldet

Es gab auf der Bibelschule «Licht auf dem Berg» keine Kleidervorschriften. Mädchen trugen sowohl Röcke als auch Hosen. Mit einer Ausnahme. Bei den großen Glaubenskonferenzen durften sie nur Röcke tragen.

«Wir wollen in den Gemeinden kein Aufsehen erregen», erklärte der Schulleiter diese Regel.

Wanja, der sowieso daran gewöhnt war, dass Frauen Röcke trugen, fand die Regel völlig in Ordnung. Einige seiner Mitschüler aber nicht.

«Wenn eine Regel, dann konsequent. So etwas finde ich einfach geheuchelt», äußerte Dietmar, ein lang gewachsener, aus der Landeskirche stammender junger Mann.

«Aber versetz dich doch einmal in die Haut unserer

Leiter. Weißt du, wie viel der Betrieb einer solchen Schule kostet? Wenn die Gemeinden der Schule ihre Unterstützung streichen, nur weil ihren Brüdern die Hosen der Schwestern nicht gefallen haben, na, dann gut' Nacht, Marie», entgegnete ihm Jost.

«Und trotzdem finde auch ich diese Lösung problematisch. Wissen denn die Gemeindeleiter nicht, dass bei uns normalerweise kein Mädchen im Rock herumläuft? Sie können doch jederzeit sehen, wie es hier während des Schuljahres zugeht», gab Dietmar nicht nach.

«Also, wenn ihr mich fragt, dann finde ich die Sache zunehmend lästig», meldete sich auf einmal Wanja.

«Was hast du denn dagegen? Bei euch Russlanddeutschen laufen doch die Frauen alle in Röcken herum. Da werden sie sogar wegen einer Hose auf dem Leib aus der Gemeinde ausgeschlossen.»

«Stimmt. Aber wir sind hier nicht in einer Gemeinde und erst recht nicht in einer von Russlanddeutschen. Wir sind hier auf einer Bibelschule, die sich gegen einen Kleiderkodex entschieden hat. Und nur, weil man ein paar konservative Brüder bauchpinseln will, unsere Schwestern zu zwingen, wieder Röcke anzuziehen, also, das sehe ich nicht ein.»

«Ich habe eine Idee, Freunde. Wir bedienen doch bei der nächsten Konferenz. Wir bitten alle unsere Mädchen wegzubleiben und treten dann als Bedienung in Röcken auf», schlug Jost vor.

«Stark, Jost! Von dir hätte ich als Allerletztes so etwas Radikales erwartet», sagte Dietmar begeistert. «Also ich bin auf jeden Fall dabei.»

«Dieses Mal werfen sie uns aus der Schule», antwortete Wanja und sah seine Freunde kritisch an.

«Sie werden uns schon nicht feuern, wenn wir geschlossen als dritte Klasse auftreten. Und wenn auch die Mädchen sich hinter uns stellen und wir sogar noch die verheirateten Brüder für die Sache gewinnen. Wie sollten sie uns da rausschmeißen wollen? Das geht doch nicht. Wir halten zusammen und basta. Diese fromme Tradition wird an Ostern 1979 sterben.»

Die Woche darauf traf sich die dritte Klasse der Bibelschule zum Austausch, bei dem Jost seinen radikalen Vorschlag präsentierte.

«Wir werden mit einem Schlag mit dem letzten Stück Heuchelei in ‹Licht auf dem Berg› aufräumen», beschloss er seine Rede begeistert. Niemand sagte ein Wort. Die Eingeweihten warteten auf die Reaktion der anderen, vor allem der Mädchen. Dann endete die Stille schlagartig unter dem lauten Lachen Angelikas. Diese konnte so ansteckend lachen, dass es nur Sekunden dauerte, bis das Zimmer vor Gelächter fast explodierte.

«Ich stelle mir gerade vor, wie Dietmar in einem Dirndl aussehen würde», sagte sie und lachte noch lauter.

«Oder der Hans-Peter.» Und wieder konnten sich die Mädchen kaum fassen. Der dicke Hans-Peter im Rock. Das musste wirklich komisch aussehen.

Nach einer Weile beruhigten sich alle.

«Ich finde die Idee faszinierend», sagte die ältere Marianne. Sie war verheiratet und hatte zwei Kinder. Auf ihre Meinung legte die Klasse meist einen großen Wert.

«Aber wir müssen dann tatsächlich zusammenhalten. Dass es Ärger gibt, das steht so fest wie das Amen in der Kirche.»

«Natürlich halten wir zusammen.»

«Ich bin bereit, den Jungs nette Kleidchen zu nähen.»

«Ich mache mit.»

Die Mädchen überschlugen sich vor Begeisterung. Am Ende waren alle mit im Boot. Es wurde beschlossen, absolutes Schweigen über die Aktion zu praktizieren. Und schon bald liefen die Vorbereitungen an.

Der Tag kam. Die Konferenz war ein voller Erfolg. Die Leitung der Schule war über den Besuch der vielen Gemeindeleute zufrieden. Man erwartete eine große Spende am Abend des zweiten Tages. «Die Schule braucht Geld», hörte man sagen. Dann kam das besagte Mittagessen. Der Speisesaal füllte sich mit den Konferenzteilnehmern. Der Bibelschulleiter betete. Der Hausvater sagte die Ordnung an den Tischen an.

«Ihr braucht nur eure Hand zu heben und unsere lieben Schwestern werden euch das Essen reichen. Übrigens, wo sind unsere Schwestern?»

In diesem Moment kamen sie herein – die Brüder. In einheitlichen Kleidern. Die buntverzierten Röcke hätten jedem Trachtenverein Ehre bereitet. Jeder der Brüder hielt eine Schüssel mit Suppe in der Hand, und fröhlich, fast tänzelnd, bewegten sie sich leichtfüßig zu den Tischen.

«Was ist das denn für eine Maskerade», rutschte es dem Schulleiter über die Zunge. Der Saal betrachtete die verkleideten Brüder etwas ungläubig. Dann fing man hier und da an zu kichern, und plötzlich brach der Saal in lautes Gelächter aus. Mancher fing an zu klatschen. Aber die Brüder achteten nicht darauf. Sie hatten geübt, nicht loszulachen, und taten ihre Arbeit fleißig und überaus freundlich. Schließlich stand das Essen auf dem Tisch. In der Küche stand der Schulleiter. Er kochte.

«Spinnt ihr? Was soll dieser Aufzug? Es ist kein bunter Abend, sondern eine Glaubenskonferenz.»

«Mit Verlaub, Bruder Schulleiter. Unsere Schwestern waren heute unwillig, in Röcken zu erscheinen. Also haben wir es für sie getan», sagte einer der Brüder, drehte sich um und rief in die Küche. «Was steht ihr hier herum? Ich sehe Hände. Bedienung ist gefragt.»

«Das wird ein Nachspiel geben», drohte der Schulleiter. Er ging zurück zu seinem Platz im Saal. Man sah seiner ernsten Miene an, wie sehr ihn diese Geschichte mitnahm.

Man war fast mit dem Essen fertig, da ging einer der Konferenzteilnehmer zum Mikrofon und fragte lachend, was denn die ganze Maskerade solle. Langsam bewegte sich Dietmar, der lange Dietmar, der in seinem perfekt genähten Kleid aussah wie eine Frau aus dem Quelle-Katalog, auf das Mikrofon zu. Er kam gerade noch dem Schulleiter zuvor, der zu spät aufgesprungen war, um das Unheil zu verhindern. Aber Dietmar sprach schon.

«Wie es der Tradition dieser Schule entspricht, bedienen bei der Konferenz nur Frauen. Das ganze Jahr lang sind sie uns gleichgestellt und tragen wie wir Hosen. Natürlich dürfen sie auch jederzeit einen Rock anziehen. Nur bei der Glaubenskonferenz, da müssen sie aus Liebe zu euch Röcke tragen. Heute wollten sie es nicht mehr. Es kam ihnen heuchlerisch vor. Und deshalb haben wir Brüder die Röcke angezogen. Wie gesagt, aus Liebe zu euch. Gerne bedienen wir euch. Und solange ihr möchtet, werden wir auch Röcke tragen. Nichts würde uns mehr wehtun, als dass wir eure Gefühle verletzen und ihr euch von Menschen in Hosen bedienen lassen müsst.»

Dietmar gab dem neben ihm stehenden Schulleiter das Mikrofon ab. Aber dieser kam gar nicht zu Wort. Der Saal brach in lauten Applaus aus.

«Das ehrt uns, Brüder», schrie jemand.

«Ich hätte auch nichts gegen Männer und Frauen in Hosen, Hauptsache es schmeckt weiterhin so gut.»

«Ihr habt es super gemacht.»

Die Brüder stellten sich vor der Küche auf und verneigten sich tief vor dem dankbaren Publikum. Dann verschwanden sie in der Küche. Noch am gleichen Tag setzte der Schulleiter die besagte Regel außer Kraft. Und am nächsten Tag bedienten sowohl Schwestern als auch Brüder die Gäste. Die Schwestern erschienen in Röcken, die Brüder in Hosen, wie es sich in der Vergangenheit gehörte. Aber diese Vergangenheit gehörte nun für immer zur Vergangenheit.

– 5. –
Lernen, wie Erwachsene lernen

Bibelschüler sind keine Kinder mehr. Nicht selten kommen sie schon mit einer abgeschlossenen Ausbildung zur Bibelschule. Manchmal sogar mit einer Hochschulausbildung. Natürlich klaffen Welten zwischen den Ausbildungsniveaus der einzelnen Studenten. Hier einen vernünftigen und zur gleichen Zeit einen pädagogisch richtigen Mittelweg zu finden, stellt sicher die größte Herausforderung an einen Bibelschullehrer dar. Hinzu kommt, dass dieser Lehrer zwar in geistlichen Fragen erfahren, doch in intellektueller Hinsicht häufig manch einem seiner Zöglinge unterlegen ist. Und wenn nicht intellektuell, dann vielleicht kulturell.

Wanja war erstaunt über die geringe interkulturelle Erfahrung und das wenige Wissen seiner Lehrer diesbezüglich. Sie waren alle nicht nur in Deutschland aufgewachsen und hier zur Schule, Bibelschule und zum Seminar gegangen. Sie waren mit wenigen Ausnahmen auch nie wirklich in anderen Kulturräumen zu Hause gewesen. Wen sollte es da wundern, dass sie manch eine Empfehlung von sich gaben, die zwar so in den von ihnen studierten Büchern stand, aber von der Realität kaum gedeckt war. Denn diejenigen, die diese Bücher geschrieben hatten, waren genauso unerfahren wie ihre Leser, oder sie schrieben einfach von anderen ab – ein in akademischen Kreisen leider weit verbreitetes Phänomen. Wanja staunte jedenfalls über die schwierige Aufgabe seiner Bibelschullehrer. Und schon bald machte er ein paar verschiedene Typen von Dozenten aus.

Der eine Typus, er nannte ihn den «Pädagogen», behandelte die Bibelschüler wie Kinder, wie unwissende kleine Kinder. Im Griechischen bezeichnet man sie mit dem Wort *paidia*. Daher stammt ja auch das Wort Pädagoge: ein Lehrer, der Kinder lehrt. Dieser Typ Lehrer ließ seine Studenten kaum an sich heran. Sein klassischer Satz war: «Arbeitet erst einmal die Literatur durch, ihr werdet dann schon sehen.» Ihre Literaturlisten waren ellenlang und ihre Ausführungen zum Teil so kompliziert, dass man sich kaum traute, sie zu hinterfragen. Natürlich aus Angst, dann dumm dazustehen, weil man es wieder einmal nicht verstanden hatte.

Dieser Typ Lehrer hielt in der Regel Vorlesungen und verschwand auch bald nach dem Unterricht aus dem Klassenraum. Wanja schwieg bei solchen Lehrern in der Regel. Und wurde er einmal gefragt, was selten vorkam, dann hatte er seine Standardausrede parat: «Mein Deutsch ist noch nicht so gut, leider.» Zuzugeben, dass er kaum etwas verstanden hatte, das gehörte sich nicht.

Dann gab es den zweiten Typ Lehrer. Wanja nannte diesen Typus einfach «Sponti». Er war selten wirklich vorbereitet und erzählte im Unterricht Geschichten aus seinem Leben und dem Leben der anderen. Wirklich sinnvoll lernen konnte man hier nur, wenn man verstand, aus den vielen Geschichten etwas Nützliches herauszuziehen. Aber dieser Typus war umgänglich. Man konnte sich mit ihm gut unterhalten. In der Regel ließ er Fragen zu, und die Fragen wollten nie abreißen. Nach der Stunde kam der Lehrer kaum aus dem Klassenzimmer.

Besonders beliebt waren diese Lehrer als persönliche Berater. Doch kaum einer von ihnen wollte so etwas auf sich nehmen. Mentoren kannte man Ende der siebziger

Jahre noch nicht, und Berater waren zwar gefragt, aber selten. Zu intensiv schien den Lehrern eine solche Aufgabe und zu persönlich außerdem. Das Ideal eines Lehrers verlangte im Gegenteil geradezu Distanz zwischen dem Erzieher und seinem Zögling.

Und dann gab es da noch den dritten Typus. Wanja nannte ihn den «Andragogiker». Das Wort stammt aus dem Griechischen und beschreibt einen Erwachsenen. Andragogik ist der Fachbegriff für Erwachsenenbildung. Von solchen Lehrern gab es an der Bibelschule «Licht auf dem Berg» recht wenige. Aber immerhin, es gab sie auch. Sie nahmen ihre Schüler ernst, bezogen sie immer wieder in ihren Unterricht mit ein. Hier gab es weniger Vorlesungen, und wenn, dann leiteten diese eine Diskussion oder Gruppenarbeit ein. Bei diesem dritten Typus lernte Wanja am meisten. Und die Erfahrungen aus dem Unterricht dieser Lehrer blieben hängen.

Lehren will auch gelernt sein

Peter Schmidt war ein besonderer Lehrer. Im Unterschied zu den anderen Dozenten der Bibelschule war er weniger gebildet. Er hatte seine Berufung zum Lehrer erst spät in seinem Leben erfahren. Viele Jahre seines Lebens arbeitete er in seinem Beruf und führte durch sein Zeugnis und seine Predigt etliche Menschen zum Glauben. Als Spätberufener kam Schmidt zur Bibelschule und wurde gleich nach seiner Absolvierung zum Lehrer in «Licht auf dem Berg» berufen. Er unterrichtete die praktischen Fächer wie Jugendarbeit. Andere führten die Schüler in die Welt der Bibel und Exegese ein. Peter Schmidt war der Praktiker. Er hatte nicht den Anspruch, der große Bibellehrer zu sein. Aber Wanja liebte es, in seinem Unterricht zu sitzen.

«Warum lässt man den Schmidt nicht auch einmal Bibelauslegung unterrichten?», fragte er Gott oft. Wenn Schmidt seine praktischen Ideen biblisch begründete, begann die Schrift zu leben. Wanja konnte fast jede Lektion dieses Mannes auch nach Jahren noch wiedergeben. Ähnliche Lektionen anderer Lehrer fand er nur mit großer Mühe in seinen Mitschriften, erinnern konnte er sich an sie jedoch nicht.

Was machte dieser Mann anders als seine Kollegen? Eines Tages, in der Vorlesung zur Didaktik, brachte Wanja die Frage auf:

«Wie kommt es denn, dass ich den Unterricht bestimmter Lehrer nicht im Gedächtnis behalten kann? Ich finde es interessant, was die sagen, aber behalten kann ich es nicht. Dann aber gibt es andere Lehrer, zum Beispiel den Unterricht von Peter Schmidt, da verstehe ich, was er sagt. Ich behalte es, und ich habe Lust, an den Themen weiterzuarbeiten.»

Andere bestätigten seine Erfahrung.

Die Dozentin nahm die Frage auf.

«Listet einmal auf, was euch am Unterricht meines Kollegen Schmidt gefällt», schlug sie vor.

«Er redet immer zum Punkt. Kommt also von A nach B, ohne irgendwelche Umwege über D, M und X zu machen», sagte jemand.

«Er gibt auch mal zu, dass er sich nicht gut auskennt, und freut sich, wenn jemand von uns besser Bescheid weiß als er selbst», ergänzte jemand anders.

«Bei ihm hast du den Eindruck, dass er das lebt, was er

lehrt. Besonders interessant finde ich seinen ständigen Rückbezug auf die Praxis.»

«Und doch ist er nicht nur praktisch. Ich denke, meine besten theoretischen Entwürfe habe ich bei ihm gelernt. Ich glaube, ich würde es bis heute kaum verstehen, was Hermeneutik ist, wenn Schmidt nicht wäre.»

«Und er ist biblisch. Was immer er sagt, das sucht er auch mit der Schrift zu begründen. Ich finde es schade, dass man ihm nicht erlaubt, auch einmal ein ganzes Buch der Bibel auszulegen. Das war doch herrlich, als er uns Prinzipien der Leiterschaft anhand vom Leben und Wirken des Moses darstellte. Im Unterricht zum Alten Testament hört man so etwas nicht.»

Die Antworten der Schüler kamen wie aus der Pistole geschossen.

«Und jetzt vergleichen wir einmal Schmidts Unterricht mit dem von Dr. Balthasar. Er ist einer unserer besten Bibelwissenschaftler. Wie wirkt sein Unterricht auf euch?»

Die arme Dozentin. Sie hätte diese Frage gar nicht erst stellen dürfen. Niemand sagte ein Wort. Eine eisige Stille durchzog den Raum. Niemand schien die Arbeit des besten Bibelwissenschaftlers der Schule kritisieren zu wollen. Aber was sollten sie zu seinem Unterricht sagen?

«Er weiß viel», sagte plötzlich eine der Schwestern mit dünner, kaum hörbarer Stimme. «Ich kann mich eigentlich nicht mehr so genau erinnern. Was hatten wir bei ihm letztes Semester?»

Auf den hinteren Plätzen hörte man leises Kichern.

«Ich finde es recht schwer, ihm zu folgen. Aber sicher liegt es an meinem Deutsch», überbrückte schließlich Wanja die gespannte Stille. «Doch zurück zu Schmidt.

Ich würde gerne wissen: Was macht der Mann, dass wir ihm alle so gerne zuhören?»

Die Lehrerin griff sofort Wanjas Frage auf. Sie wollte offensichtlich auch nicht länger über jemanden diskutieren, dessen Arbeit bei den Schülern nicht ankam.

«Wenn ich das richtig verstehe, besteht der Erfolg meines Kollegen darin, dass er gewisse Züge aufweist. Erstens, er ist kompetent in dem, was er lehrt. Und zweitens lehrt er mit deutlichem Praxisbezug. Er bezieht die Praxis so in seinen Unterricht ein, dass ihr es versteht und Interesse bekommt, nicht nur weiter zuzuhören, sondern auch mitzuarbeiten. Und wenn ihr es tut, so erarbeitet Peter Schmidt die Themen am liebsten mit euch zusammen. Also referiert er weniger, sondern leitet euch an, die Themen selbst zu erarbeiten. Ist meine Zusammenfassung richtig?»

«Ja, so würde ich es auch zusammenfassen. Ich würde darüber hinaus aber unbedingt den Bezug zur Bibel noch erwähnen.»

«Genau, das habe ich vergessen. Danke, Wanja, für die Erinnerung. Mein Kollege ist also bibeltreu, praxisnah, kompetent und kommunikativ.»

«Ich komme mir in seinem Unterricht immer wie ein Erwachsener vor, der auch etwas weiß und zur Sache beitragen kann. Bei Dr. Balthasar geht es mir ganz anders. Da komme ich mir vor wie ein Vollidiot erster Klasse», unterbrach Hans-Peter die Lehrerin. Alle lachten. Sie konnten das bestens nachvollziehen.

«Nein, ein Vollidiot bist du bestimmt nicht, und wir sollten uns hier nicht weiter zur Arbeit von Dr. Balthasar äußern. Da wäre es sicher angebrachter, wenn ihr eure Not dem Klassenlehrer berichtet. Zu Schmidts Unterricht kann ich allerdings sagen, dass man das, was er tut, Erwachsenenbildung nennt. Das Fachwort hierfür ist Andragogik. Er nimmt euch als Erwachsene ernst, versucht euch da abzuholen, wo ihr steht, und das bei euch vorhandene Wissen in seinen Unterricht aufzunehmen. Der Gegensatz dazu wäre Pädagogik. Da unterrichtet man, ohne den Wissensstand seiner Hörer speziell aufzugreifen.»

«Genau so komme ich mir bei manch einem Lehrer vor. Sie behandeln uns wie kleine Kinder.»

«Bitte, Hans-Peter, lass diese Bemerkungen», unterbrach ihn die Lehrerin. «Wir müssen uns leider nun mit dem nächsten Thema beschäftigen. Auch wenn es wohl wichtig wäre, über Erwachsenenbildung mehr nachzudenken.»

«Schade, dass Sie hier abbrechen. Jetzt, wo es so interessant wird. Wir werden doch in der Gemeinde keine Kinder anzuleiten haben. Obwohl, das vielleicht auch. Aber die große Masse der Gemeinde sind ja Erwachsene», versuchte Wanja seine Lehrerin doch noch zum Weitermachen zu bewegen. Aber sie blieb dabei. Ihr war der Vergleich zwischen den Kollegen offensichtlich zu peinlich geworden. Leider kam sie nie mehr auf das Thema zu sprechen. Wanja hatte aber eine wichtige Lektion für sein Leben gelernt: Behandle Erwachsene nie wie Kinder. Menschen kommen nicht ohne Vorwissen unter deine Kanzel. Nimm sie ernst.

Ab jetzt hörte er seinem Lehrer Peter Schmidt nicht nur zu, sondern versuchte hinter die Kulissen seines Unterrichts zu blicken. Eines Tages sprach er Schmidt gar an.

«Ich möchte gerne einmal so lehren können, wie Sie es

tun», sagte ihm Wanja. Schmidt, sichtlich getroffen von dem offenen Wort seines Schülers, nahm diesen zur Seite und fragte ihn dann bescheiden, was Wanja denn so an seinem Unterricht gefiel.

«Ich komme mir in Ihrem Unterricht immer wie ein Mann vor, der fähig ist zu lernen. Bei Ihnen werden meine Minderwertigkeitskomplexe abgebaut. In der Sowjetunion sah man zum Lehrer immer auf. Er war der Meister, wir waren die dummen Schüler. Alles, was die Lehrer taten, war durch diese von Oben-nach-unten-Unterrichtsmethode geprägt. Auf diesem Hintergrund hat sich bei mir ein tiefes Gefühl der Minderwertigkeit gegenüber den Dozenten aufgebaut. Bei Ihnen ist das anders. Ich habe den Eindruck, Sie laden mich immer wieder ein, *mit* Ihnen zu sehen. Nicht auf Sie hochsehen soll ich, sondern mit Ihnen die Sache beschauen. Das ist so befreiend.»

«Danke, Wanja, du ermutigst mich sehr. Du weißt, ich bin nicht der höchstgebildete Lehrer auf dieser Schule. Und es ist mir doch ein großes Anliegen, dass ihr das Beste vom Besten bekommt. Gott hat mir vor Jahren gezeigt, dass das Beste nicht um euch herum zu finden ist, also nicht in den Büchern. Das Beste ist in euch. Es sind eure Begabungen, eure Erfahrungen und Fähigkeiten. Diese will ich fördern. Nicht Bücher sollen in der Klasse reden, sondern Menschen und sicher allem anderen voran der Geist Gottes. Das geht ohne Bücher nicht. Und erst recht geht es nicht ohne das Buch aller Bücher. Aber es gibt ein Lernen, das jenseits von den Buchstaben und Bibliotheken liegt. Das will ich mit euch lernen.»

«Darf ich Sie bitten, mich auch mal außerhalb des Unterrichts zu begleiten? Ich stehe einer Jugendgruppe vor und predige auch immer wieder. Ich versuche jede Woche das hier in der Schule Erlernte umzusetzen. Es gelingt mir nur nicht immer. Da wäre ein Mentor ein besonderes Geschenk.»

«Gerne, Wanja. Wir können nächste Woche damit beginnen. Und wir treffen uns jede zweite Woche für ein Stündchen. Ist das in Ordnung?»

Wanja war begeistert. Er war bereits das dritte Jahr auf der Schule, und erst jetzt begann neben dem offiziellen Unterricht etwas, das er in seinem späteren Dienst unbedingt brauchte. Er ahnte es. Und die besondere Beziehung zu seinem Lehrer Schmidt sollte tatsächlich einen enormen Einfluss auf sein Leben haben.

Seelsorger brauchen Seelsorger

Es war eine Entdeckung erster Klasse! Wanja war zu der Zeit im zweiten Bibelschuljahr. Eines der angebotenen Fächer nannte sich Seelsorge. Zugegeben, Wanja konnte sich darunter nichts vorstellen. Im Russischen existierte ein solches Wort nicht. «Wird wohl so etwas wie Seelenkunde sein», dachte er sich. Aber schon in der ersten Stunde blieb ihm fast der Atem stehen. Seelsorge – die geistliche Begleitung eines Christen auf dem Weg des persönlichen Wachstums. Das war es, was er in den Gemeinden seiner Heimat so sehr vermisste. Nein, natürlich gab es da keine Seelsorge. Nicht einmal das Wort als solches existiert in der russischen Sprache, ganz zu schweigen von einer systematischen Arbeit mit den Menschen. Dabei ist die Seelsorge die wichtigste Aufgabe eines Pastors. Das erkannte Wanja immer mehr.

Und je länger er seinem Seelsorgelehrer zuhörte, desto deutlicher verstand er auch, wie sehr er selbst darunter litt, nie einen Seelsorger gehabt zu haben. Wenn er ehrlich zu sich selbst war, und das wollte er auf jeden Fall, dann hatte er nie wirklich bewusst versucht, seinen alten Menschen abzulegen und den neuen, der in Christus gemacht ist, anzulegen. Sicher, Gott hatte an ihm vieles verändert. Aber wenn die Heiligung einen bewussten Prozess des Verwandeltwerdens in das Bild des Christus darstellte, dann hatte er, Wanja Richter, kaum etwas davon erlebt.

Eine tiefe Sehnsucht legte sich auf ihn. «Du brauchst einen Seelsorger, Freundchen», sagte er sich eines Tages. Und hatte Wanja einmal eine Wahrheit für sich erkannt, so gab es für ihn kein Zurück mehr. Also ging er eines Tages zu seinem Seelsorge-Lehrer.

«Je länger ich Ihnen zuhöre, desto deutlicher verstehe ich, dass ich nie einen Seelsorger gehabt habe. Ich hatte Berater, einen wunderbaren Jüngervater, aber Seelsorge haben sie mit mir nicht gemacht. Da gibt es Schichten in meiner Seele, die scheinen mir völlig verletzt, verdreht und verdorben zu sein.»

«Das ist sehr gut, Wanja, dass du mit deinem Anliegen zu mir kommst», sagte der Lehrer. «Nimm doch bitte Platz.»

Wanja setzte sich. Er war nicht das erste Mal in diesem Büro. Aber erst jetzt fiel ihm die Ordnung auf, die hier überall herrschte. An der Wand standen hohe Regale mit Büchern, und jedes Buch war mit einer Signatur versehen. Dieser Mann hatte offensichtlich nicht nur viel gelesen, sondern das Gelesene auch geordnet. Und auf dem Tisch lag ein geöffneter Brief, den sein Lehrer gerade gelesen hatte, als Wanja hereinkam.

«Wir waren bei der Seelsorge», unterbrach der Lehrer Wanjas Gedanken.

«Ja, ich wünschte mir, Sie könnten mein Seelsorger werden. Sie haben einen wirklich tollen Unterricht gegeben. Ich habe so viel verstanden.»

«Danke, Wanja, für das Vertrauen, das du mir damit aussprichst. Gerne würde ich dir helfen. Aber an dieser Schule haben wir eine Regel eingeführt. Der Klassenlehrer ist der für die Seelsorge an den Schülern zuständige Lehrer. Dein Klassenlehrer ...»

«Ich weiß das, aber ich habe den Eindruck, unser Klassenlehrer ...», unterbrach Wanja den Mann. Doch er kam gar nicht dazu, seinen Satz zu Ende zu formulieren, als er seinerseits unterbrochen wurde.

«Wie willst du das beurteilen, Wanja? Du hast dich doch noch gar nicht auf meinen Kollegen eingelassen. Sprich mal mit ihm.»

«Ich glaube, Dr. Siegmund ist ein klasse Bibelausleger. Aber ein Seelsorger ist er nicht; nicht ein solcher, wie Sie es in Ihrem Unterricht verlangen.»

«Und doch würde ich dich bitten, erst einmal mit Dr. Siegmund zu reden. Du kannst dann ja wieder zu mir kommen.»

Wanja hatte den Eindruck, dass sein Lehrer ihn dabei kaum anzusehen wagte, und der letzte Satz wurde so leise gesprochen, dass er mehr Unsicherheit als wirkliche Bereitschaft verriet.

Am Abend unterhielt Wanja sich mit Jost.

«Verstehst du dieses Verhalten?», wollte er wissen, nachdem er Jost von der merkwürdigen Zurückhaltung ihres Seelsorgelehrers erzählt hatte.

«Ich verstehe es schon, Wanja. Und ich glaube nicht, dass er dir wirklich helfen kann. Er kennt die Theorie, die Praxis aber kennt er nicht, und ich glaube, er hat selbst noch nie wirklich Seelsorge gehabt.»

«Jetzt geht es aber zur Sache. Woher willst *du* das denn wissen?»

«So etwas spüre ich. Ich finde den Unterricht auch gut. Und ich lerne auch viel. Aber in die Seelsorge würde ich zu ihm nicht gehen. Nicht, weil ich etwas zu verstecken hätte. Nein, weil er mir nicht helfen würde. Ihm fehlt Weisheit, denke ich. Und dann wirkt er so schrecklich aufgeräumt und ordentlich. Bei dem darf es keine Unordnung geben. Menschen, die innerlich dichtgemacht haben, sind nach außen so.»

«Das sind doch alles nur Vermutungen, Jost.»

«Schon. Ich sage ja auch nur, *ich* würde zu dem Mann nicht gehen. Du kannst es ja trotzdem versuchen.»

Wanja versuchte es nicht. Und schon wenige Tage später war er Jost für dessen Rat dankbar. Der Seelsorgelehrer gab im Unterricht unumwunden zu, dass er selbst keinen Seelsorger gehabt hatte.

«Aber Sie haben doch selbst gesagt, man kann kein Seelsorger sein, wenn man keinen Seelsorger hat», meldete sich Wanja.

«Vielleicht bin ich deshalb auch keiner», antwortete sein Lehrer. Man sah ihm an, wie unangenehm ihm Wanjas Frage war.

Der sah ihn vorwurfsvoll an, als wollte er sagen: «Und wozu dann das ganze Affentheater von vorhin?» Aber Wanja machte ihm keinen Vorwurf. Trotzdem versuchte er sein Unverständnis in Worte zu kleiden.

«Wie können Sie dann Seelsorge unterrichten?»

Ja, wie konnte er? Der Lehrer schwieg einen Augenblick und sagte dann überzeugt:

«Wir müssen nicht alle Wahrheiten selbst erlebt haben, um sie weiterzugeben. Andere haben diese Prinzipien erlebt und niedergeschrieben. Ich bin noch jung und habe erst vor kurzem mein Theologiestudium absolviert. Die Praxis wird der Erkenntnis schon noch folgen.»

«Dann geben Sie also nur weiter, was Sie vom Hörensagen und aus Büchern kennen?», wollte Wanja enttäuscht nachsetzen.

Aber bevor er auch nur einen Satz herausbekam, brach der Lehrer das Gespräch ab und bat die Schüler, sich der nächsten Lektion zuzuwenden. Den Rest der Stunde referierte er nur, und nach dem Unterricht musste er dringend zu einer Sitzung.

«Seelsorge werden wir auf dieser Schule nicht lernen», resümierte Jost nachher.

«Warum? Wie wäre es, wenn wir genau zuhören und dann beginnen, es selbst zu praktizieren? Ich würde mich jedenfalls sehr freuen, Jost, wenn du mein Seelsorger wärest.» Wanja schmunzelte.

«Und du meiner. Auf diese Weise lernen wir doch etwas. Und auf Gott sind wir ja eh angewiesen.»

Gaben – ja, aber welche?

Die Bibelschule «Licht auf dem Berg» warb um neue Studenten mit dem Hinweis auf effektive Zurüstung zum Dienst. «Ihr seid begabt, ihr seid berufen, und bei uns werdet ihr befähigt», mit diesen Worten eröffnete der Schulleiter Jahr für Jahr das neue Semester. Es dauerte allerdings fast zwei Jahre, bis Wanja eines Tages von einer einfachen Frage überrascht wurde. Sie kam ihm während seiner Stillen Zeit. Gott schien ihn zu fragen: «Wanja, womit bist du begabt?»

Er kannte seine Berufung. Ihm war das Wort aus dem Buch des Propheten Jesaja ständig vor den Augen. Er war zu den Völkern berufen. Ihnen sollte er das Evangelium predigen. Aber was bedeutete das praktisch? Sollte er sie lehren? Sollte er evangelisieren? Sollte er sie zu Jüngern machen? In den ganzen Jahren hatte ihn niemand darauf angesprochen, und es schien, als wolle auch niemand herausfinden, welche besondere Begabung Wanja hatte.

«Womit bist du begabt, Wanja?», kam ihm wieder die Frage. Er hatte gerade in der Auslegung zum ersten Korintherbrief gehört, dass das Wort in 1. Korinther 12,4–6 eine zentrale Bedeutung in der Berufung der einzelnen Glieder des Leibes Christi zum Werk ihres Dienstes hat. Es ist der Heilige Geist, der die Gaben gibt. Es ist der Herr, der die Dienste bestimmt. Und es ist Gott, der die Kraftwirkung verursacht. Gaben, Dienste, Kraftwirkung – das ist die Reihenfolge der Befähigung zum Dienst, stellte sein Lehrer fest. Der Geist Gottes gibt die Gaben, der Herr bestimmt die Aufgaben entsprechend der Gabe, und Gott, der Vater, wirkt die Energie, die Kraft und die Frucht. Diese Reihenfolge ist unumkehrbar. Man kann nicht beim Dienst beginnen.

Die Worte seines Lehrers hatten Wanja durcheinandergebracht. Er sprach darüber mit Jost und den anderen Mitschülern. Zu seiner großen Überraschung erging es den meisten genauso wie ihm. Sie waren nicht einmal fähig, zusammen auf Anhieb die ganze Liste der geistlichen Begabungen aufzuschreiben. Und das nach zwei Jahren Bibelschule! Gleich beim nächsten Klassentreffen sprachen die Bibelschüler ihren Klassenlehrer auf den entdeckten Missstand an.

«Wir sind keine charismatische Bibelschule. Hier wird mehr Gewicht auf die *Früchte* des Geistes gelegt», antwortete er ausweichend. «Unser Programm ist allgemein, generell. Es ist für alle gleich. Und wir hoffen sehr, dass Gott dann selbst daraus Evangelisten, Pastoren und Lehrer macht.»

«Aber man kann doch nicht durch ein Programm alle gleich gut ausbilden», bemerkte einer der Bibelschüler.

«Stimmt. Deshalb konzentrieren wir uns auch auf die Vermittlung des Wortes Gottes. Alle Mitarbeiter im Reiche Gottes müssen Gottes Wort kennen. Das ist fundamental wichtig.»

«Ist es denn wirklich so, dass alle Glieder am Leib Christi aus der gleichen Perspektive das Wort lesen und verstehen?», wollte Wanja wissen.

«Sicher doch. Deshalb unterrichten wir hier biblische Hermeneutik.»

Andere Fragen folgten. Aber das Gespräch schien sich in einer Sackgasse zu befinden. Der Lehrer war entweder unwillig, über die Geistesgaben zu reden, oder er kannte sich einfach nicht aus.

«In dieser Hinsicht sind wir hier auf einem dunklen Berg», sagte Jost zu Wanja. «Wenn wir etwas über die Gaben des Geistes lernen wollen, dann müssen wir zu einer charismatischen Konferenz fahren.»

Wanja mochte sich eine solche Option gar nicht erst vorstellen. Charismatisch klang für ihn wie ein Synonym für «verführt».

«Wir werden uns bestimmt im dritten Jahr mit dem Thema beschäftigen», entgegnete er seinem Freund.

Aber das dritte Jahr kam und ging. Das Thema der Gaben des Geistes kam im Kurrikulum der Bibelschule «Licht auf dem Berg» nicht vor. Wie gesagt, man bildete hier Generalisten aus. Wanja konnte sich dabei noch als Glückspilz bezeichnen. Einer seiner Lehrer, ein begnadeter Evangelist, entdeckte den jungen Mann und sah sofort die evangelistische Begabung in ihm. Also nahm er Wanja mit auf seine Dienstreisen. Er förderte Wanja, wo immer er konnte.

«Wie kommt es, dass wir an der Schule im Fach Homiletik keine evangelistische Verkündigung lernen?», wollte er eines Tages von seinem Mentor wissen.

«Aber ihr lernt es doch. Ich habe es ja im Lehrplan gesehen.»

«Stimmt, im Lehrplan. Aber das, was wir da gelernt haben, deckt sich mit dem, was Sie tun, nicht im Geringsten. Unser Homiletiklehrer bringt uns bei, wie wir einen wohlformulierten deutschen Aufsatz mit drei Hauptpunkten und sieben Nebenpunkten in eine effektive Rede verwandeln. Wenn überhaupt, dann ist das Rhetorik, was man uns da anbietet.»

«Na, na, Wanja, du solltest mit deinen Lehrern nicht so hart ins Gericht gehen. Mein Homiletikkollege ist halt selbst eher ein guter Lehrer. Und was man ist, das gibt man auch weiter.»

«Und dabei bleiben dann Evangelisten wie ich auf der Strecke, oder sie werden so lange durch den Lehrbetrieb geknebelt, bis sie zu jenem *homo generellis* werden, der von unserem besagten Bibelschulkollektiv produziert werden kann.»

«Ist ja herrlich, wie du das ausgedrückt hast – *homo generellis.* Es stimmt, wir bieten ein generelles Bibelschulprogramm an. Und doch gibt es auch hier Möglichkeiten für persönliche Entwicklung. Was glaubst du, warum ich dich mit mir durch Deutschland schleppe?»

«Und wenn ich eher ein Seelsorger wäre? Unser Seelsorgelehrer hat neulich unumwunden zugegeben, er habe selbst nie wirklich Seelsorge gehabt.»

«Du hast Recht, Bruder, auch in ‹Licht auf dem Berg› gibt es noch dunkle Ecken. Und leider ist das bei vielen Bibelschulen so. Wir können oft viel besser mit dem Wort als mit dem Geist Gottes umgehen. Und manchmal hat man den Eindruck, dass nicht wenige von uns vor dem Wirken des Geistes sogar Angst haben. Ein Theologe hat diese Ängstlichkeit Geistphobie genannt.»

«Geistphobie», wiederholte Wanja das neue Wort langsam. «Und hat man vor dem Geist Angst, dann redet man auch über die Gaben des Geistes eher nur beiläufig.»

«So ist es, Wanja, leider. Und dann ist da noch das andere Problem, und das sind die Christen, die viel mehr über die Gaben als über den Geist Gottes reden. Schön wäre es, wenn man sich irgendwo in der Mitte treffen würde. Du bist jedenfalls Evangelist. Und ich will dir gerne helfen, diese Gabe zu entfalten.»

Was macht man, wenn einem der Teufel begegnet?

Es war eine schwerfällige Missionsarbeit. In diesem Sommer 1979 arbeiteten die Praktikanten aus der Bibelschule in einer kleinen Stadt in Oberösterreich. Wanja war als Gruppenleiter dabei. Tagelang hatte er mit seinem Team jedes Haus des Städtchens besucht und die Menschen eingeladen, zu den Veranstaltungen in die Halle zu kommen. Evangelist Urs von Leiden aus Deutschland sollte sprechen. Aber auch in dieser Stadt wiederholte sich das, was man aus Österreich gewohnt war. Nur ein paar Leute kamen zum ersten Abend.

«Wenn ich recht gesehen habe, ist nur ein einziger Ungläubiger gekommen», sagte ein mitgereister Jugendlicher. Er war sichtlich enttäuscht. «Da laufen wir uns die Haxen ab, und was passiert? Nichts!»

Auch am zweiten Abend war es nicht viel anders. Im Saal herrschte eine merkwürdige Kälte. In der Teambesprechung nach dem dritten Abend diskutierten die Einsatzteilnehmer die Situation.

«Hier sind Mächte im Spiel», sagte der Evangelist. «Wir sollten uns den Saal genauer ansehen. Möglicherweise hat Satan einen Agenten zu uns in die Veranstaltung gebracht.»

Wanja verstand nicht viel. In den drei Jahren Bibelschule hatte er nichts über den Kampf gegen böse Geister erfahren. Aber Urs von Leiden war nicht zum ersten Mal in einem solchen Einsatz. Er hatte Erfahrungen mit Dämonie und Okkultismus. Und so ließ auch Wanja sich auf seinen Vorschlag ein.

Am Abend sahen sie sich die Leute genauer an. Ihnen allen fiel ein Mann auf, der, sobald er in den Saal kam, ein sehr angestrengtes, rot angelaufenes Gesicht hatte.

Wieder lief der Abend ins Leere. Beim anschließenden Austausch waren die Teammitglieder sich alle einig, dass die geistige Kälte des Abends etwas mit dem merkwürdigen Mann zu tun hatte.

«Ich sage euch jetzt, was wir machen werden», meinte der Evangelist, «wir stellen einen Wächter an die Tür des Saales. Dieser soll nur im Gebet gegen jede Macht der Finsternis einstehen, die es versuchen sollte, in den Saal zu gelangen.»

Artur, ein mitgereister Jugendlicher, war sonst nicht am Programm beteiligt. Ihn stellte der Evangelist nun vor die Tür der Halle zum Gebet ab.

Der Abend wurde zu einem vollen Erfolg. Die Kälte war verschwunden. Und im Saal saßen auch einige Menschen mehr. Und als von Leiden die Menschen zur Entscheidung aufrief, kam eine Frau nach vorne und gab ihr Leben dem Herrn.

Was war passiert? Draußen fand Wanja Artur. Er sah schrecklich aus. Sein ausgemergeltes Gesicht verriet eine unbeschreibliche Müdigkeit.

«Der Mann», sagte er nur, «der Mann war es. Er ging den ganzen Abend vor dem Eingang hin und her, aber herein konnte er nicht. Irgendeine Kraft verwehrte ihm den Eingang. Ich bin so müde.»

Artur war für die nächsten Tage nicht zu gebrauchen. Nur langsam erholte er sich von dem übermenschlichen Kampf, in dem er sich den Abend zuvor befunden hatte. Aber der Kampf war vorbei. Der Mann kam nicht mehr, und das Team erlebte eine gesegnete Woche. Artur aber schien sich nicht mehr ganz zu erholen.

«War das denn richtig, dass wir diesen unerfahrenen Jugendlichen da an die vorderste Front gegen die Mächte der Finsternis gestellt haben?», fragte Wanja den Evangelisten am Ende der Woche.

«Ich bezweifle meine Weisheit auch langsam», antwortete dieser. Aber wir haben leider alle kaum Erfahrungen im Umgang mit dämonischen Kräften. An der Bibelschule lehrt man so etwas nicht, oder?»

«Auf jeden Fall nicht bei uns. Das Beste, was ich dazu gehört habe, ist die berühmte Geschichte unseres Schulleiters. Er erzählt immer wieder von seiner Prüfungserfahrung. Die Aufgabe war, über Jesus als Erlöser und den Teufel als Verführer zu schreiben. Dabei verbrachte er die ganze Zeit mit der Beantwortung der ersten Frage. Zur zweiten schrieb er nur lakonisch: ‹Für den Teufel keine Zeit mehr›.

«Die Geschichte kenne ich auch», schmunzelte von Leiden.

«Damals habe ich über die Story gelacht. Heute frage ich mich schon, ob es denn so richtig ist, keine Zeit für ihn zu haben. Wenn unser Kampf nicht gegen Fleisch und Blut geht, sondern gegen die geballte Macht der Finsternis, dann ist es doch recht unvernünftig, völlig ignorant in den Kampf zu ziehen.»

«Nun bist auch du mit der Schule fertig, Wanja. Über dieses Thema wirst du woanders etwas lernen müssen. Und glaube mir, wir Evangelisten haben dazu viele, sehr viele Gelegenheiten.»

– 6. –
Die Anwendung gelingt nicht immer

Bibelschulausbildung zielt auf die Praxis. Um den Praxisbezug deutlich zu machen, bietet man Sommerpraktika an. Schüler sollen in diesen Praktika, aber auch schon während des Semesters, ihr angelerntes Wissen anwenden. Und es ist faszinierend, was man alles kann, wenn man im Unterricht genau aufgepasst hat. Doch im Praktikum wird nicht nur deutlich, was man alles gelernt hat. Es werden auch klaffende Lücken in der Ausbildung sichtbar. Und dann gelingt die Praxis nicht.

Wanja erging es da nicht viel anders als den meisten Studierenden an einer Bibelschule. Sein Vorteil war, dass er sich Woche für Woche mit Diensten in der Gemeinde konfrontiert sah. Es wurde sehr schnell deutlich, wo sein gelerntes Wissen die entsprechende Tiefe besaß und wo es nur an der Oberfläche kratzte. Wenn das Fehlverhalten nicht bloß immer gleich erschreckende Konsequenzen gehabt hätte. Erst die Praxis offenbart schonungslos die Denkfehler in den Konzepten, die wir lernen.

Ich will heilen und Frieden schaffen

Die Erfahrungen in den Missionspraktika ermutigten Wanja, vermehrt nach Gottes Gegenwart zu suchen. Jost, sein Freund und Zimmerkollege, freute sich.

«Du musst nur aufpassen, dass du nicht auf einmal zum Charismatiker wirst.»

«Keine Sorge, Gott wird mir schon nichts geben, was sein Reich eher verhindert als aufbaut», entgegnete Wanja keck. Er verstand sofort, worauf Jost anspielte.

«Ich habe doch längst genug Gaben des Geistes, Jost. Noch mehr kann ich gar nicht verantworten. Aber Gott zusammen mit dir zu erleben – das wäre klasse.»

«Lass uns dafür beten, Wanja», nahm Jost den Vorschlag auf. Er war immer für Erfahrungen mit Gott zu haben.

Sie beschlossen, jeweils am Dienstagabend zusammenzukommen und Gemeinschaft mit Gott und miteinander zu erfahren. Bald schlossen sich auch andere Bibelschüler ihrem kleinen Kreis an.

An einem dieser Abende erreichte sie die Nachricht von einer jungen Schwester aus der evangelisch-freikirchlichen Gemeinde. Sie wäre krebskrank, die Ärzte sähen keine Heilungschancen mehr und hätten sie nach Hause geschickt, damit sie in ihrer gewohnten Umgebung sterben könne. Die verheiratete Schwester und Mutter zweier kleiner Kinder bat die Bibelschüler, für sie zu beten.

Schon nach der ersten Gebetsrunde sagte Jost: «Ich habe den Eindruck, das hier ist nicht eine Krankheit zum Tode. Gott hat mit der Frau etwas vor.»

Auch andere im Kreis empfanden ähnlich. Also beschloss die Gruppe, Jost und Wanja am nächsten Tag zu der Schwester zu schicken. Sie sollten hinfahren und für die Frau besonders beten. Jemand in der Gruppe glaubte sogar ein Bibelwort für die Schwester empfangen zu haben. «Siehe, ich will sie heilen und gesund machen und will ihnen dauernden Frieden gewähren», hieß es da im Propheten Jeremia, Kapitel 22, Vers 6.

Mit diesem Wort als Gottes Verheißung beschlossen Jost und Wanja, am nächsten Tag zu der Todkranken zu gehen. Für Wanja war es das erste Mal im Leben, dass er sich an einen solchen Dienst wagte. Tief in seinem Herzen fragte er sich, ob er überhaupt so etwas tun dürfe. War der Dienst an den Kranken nicht vor allem ein Dienst der Ältesten? Stand es nicht so im Brief des Jakobus, Kapitel 5? Er äußerte gegenüber Jost seine Bedenken.

«Wir werden für die Schwester auch nicht nach Jakobus beten, Wanja. Zum einen sind wir keine Ältesten, und zum anderen haben wir auch kein besonderes Mandat. Aber für unsere Schwester im Herrn zu beten, das wird uns wohl niemand verbieten können, oder?»

«Und wir können ja der Familie vorschlagen, dass sie die Ältesten der Gemeinde einladen», zeigte sich Wanja mit Josts Vorschlag einverstanden.

Im Hause der Schwester Müller schlug den beiden Bibelschülern eine merkwürdige Atmosphäre entgegen.

«Hier hängt der Familiensegen aber gehörig schief», wollte Wanja sagen, als der Ehemann der Frau sie einlud, zum Bett der Kranken zu kommen.

Sie folgten.

Schwester Marianna lag dick eingepackt in ihrem Bett. Wanja kannte sie aus der Gemeinde, aber es fiel ihm schwer, in der vor ihm liegenden, über alle Maßen angeschwollenen Gestalt die ihm bekannte Marianna zu erkennen.

«Sie kann kaum noch reden», klärte der Mann seine Gäste auf. «Die Ärzte geben ihr nicht mehr als eine Woche zu leben.»

«Wir haben ein Wort vom Herrn erhalten, Schwester», fing Jost an. «Wir wissen nicht, was der Herr damit genau sagen will, aber es klingt schon danach, dass er Sie heilen will.» Dann las Wanja das Wort aus dem Propheten Jeremia vor.

Die Augen von Schwester Marianna leuchteten auf.

«Ich glaube Gott», wisperte sie kaum hörbar. «Bitte betet für mich.»

Beide Brüder beteten. Auch der Ehemann betete. Dann empfahlen sie der Familie noch, die Ältesten der Gemeinde zu rufen.

«Gott kann große Wunder tun, Marianna. Schau mich an. Der Herr hat mich geheilt. Er hat mir sogar das Augenlicht wiedergegeben. Sollte ihm der Krebs ein Hindernis sein?»

«Nein, Wanja, niemals. Er kann, wenn er will», sagte sie.

Auf dem Weg zurück in die Bibelschule werteten die beiden ihren Besuch aus. Sie hatten getan, worum der Kreis sie gebeten hatte. Und sie hatten der Frau kein falsches Versprechen gemacht. Aber irgendwie wuchs in ihnen die Überzeugung, dass Gott sie heilen würde.

«Ich spüre es regelrecht. Da geschieht etwas Großes», sagte Wanja.

«Mir geht es ähnlich. Aber auf Gefühle sollten wir besser nicht setzen. Wie wäre es, wenn wir heute Nacht durchbeten?»

«Eine gute Idee. Wir laden unseren Kreis dazu ein.»

Sobald sie in der Bibelschule angekommen waren, trommelte Wanja seine Glaubensgeschwister zusammen. Und fast alle kamen. Die Nacht wurde zu einem starken Erlebnis der Gegenwart Gottes. Und am nächsten Tag kam die Nachricht – Marianna sei beim Arzt gewesen, und dieser hätte ihr zu ihrer totalen Überraschung eine völlige Heilung bescheinigt.

Man kann sich Wanjas Freude kaum vorstellen. Er selbst hatte Gott nicht nur einmal erlebt. Aber das hier war anders. Hier hatte der Herr sein Gebet für einen hoffnungslosen Menschen erhört. Eine Gebetserhörung in dieser Intensität war ihm bis jetzt nicht vergönnt gewesen.

Josts Freude war dagegen etwas gedämpft.

«Irgendetwas scheint nicht zu stimmen, Wanja», sagte er zu seinem Freund, nachdem auch er zunächst in lautes Jubeln ausgebrochen war. «Die Marianna ist geheilt, aber mein Herz ist immer noch unruhig.»

Noch am gleichen Tag besuchten die beiden Freunde Marianna. Sie strahlte. Ihr noch ein Tag zuvor stark angeschwollener Körper sah wieder ganz normal aus. Und die Haut glich derjenigen eines jungen Menschen. Gott hatte tatsächlich ganze Sache gemacht.

«Die Heilung kam in der Nacht», erzählte sie. «So etwa gegen zwei Uhr morgens musste ich auf einmal dringend ins Bad. Mir war schrecklich übel. Und dann lief es aus mir heraus. Ich verlor literweise Flüssigkeit. Und was für eine Flüssigkeit. Es hat erbärmlich gestunken. Mein Mann hielt das Ganze nicht aus und ließ mich schließlich allein im Bad. Nach einer Weile nahm jedoch die Schwellung in meinem Bauch ab. Die starken Schmerzen und die Übelkeit verschwanden. Und bald schon fühlte ich mich absolut wohl. Und so ist es bis jetzt geblieben. Die Ärzte im Krankenhaus finden keine Erklärung für das, was vorgefallen ist. Aber ich habe es ihnen gleich gesagt, was passiert ist. Gott hat ein Wunder an mir getan.»

«Preist den Herrn!» Wanja rang nach Worten. Das hier war einfach überwältigend und stark.

«Ja, danke, Jesus, und danke euch beiden. Gott hat euer Gebet erhört.»

Während die zwei in Mariannas Zimmer saßen, kam eine alte Frau herein. Sie sah mürrisch und verbittert aus.

«Jetzt, wo du gesund bist, kannst du dich ja auch wieder um Mann und Kinder kümmern. Ich werde mich jedenfalls etwas zurückziehen», sagte sie und verließ den Raum. Sie bedachte die Besucher mit keinem Wort.

«Wer ist das?», wollte Jost wissen.

«Meine Schwiegermutter. Ihr geht es nicht gut», antwortete Marianna ausweichend.

«Sollen wir euch eine Hilfe für den Haushalt organisieren?», fragte Wanja.

«Nein, sicher nicht. Das würde sie ganz und gar nicht mögen.»

Nach einer Weile gingen die Bibelschüler wieder.

«Mir gefällt diese Alte nicht, Wanja. Mein Geist ist so unruhig. Ich weiß nicht, warum. Und ich weiß nicht, was das alles soll.»

Auch Wanja hatte keine Erklärung.

«Ich werde mich mal informieren, wer diese Frau ist», versprach er.

Die nächsten Wochen verliefen schnell. Der intensive Unterricht ließ Wanja und seinen Freunden kaum Zeit für Extra-Dienste. Auch Marianna besuchten sie nicht gleich wieder. So traf sie die Nachricht über ihren veränderten Zustand völlig unerwartet.

«Marianna ist wieder krank. Der Krebs ist zurückgekommen, und es geht ihr schlechter als zuvor», hörten sie eine Mitarbeiterin des Werkes sagen.

Noch am gleichen Tag fuhren mehrere aus dem Kreis zu Marianna. Auch Wanja war dabei. Wie ein Stück Elend lag sie da in ihrem Bett.

«Mir geht es sehr, sehr schlecht, Wanja», sagte die Frau und blickte ihn mit einer solchen Trauer in ihren Augen an, dass ihm der Atem stockte. «Ich werde sterben. Ich kann nicht mehr.»

Die Bibelschüler beteten am Bett der Frau und fuhren wieder zurück nach «Licht auf dem Berg». In der kommenden Nacht wurde wieder gebetet.

«Gott hat uns Heilung für sie versprochen. Er gab uns ein Wort. Wir sollten jetzt daran festhalten und ihm Ehre geben», sagte Elisabeth, die älteste Teilnehmerin im Kreis. Sie war Missionarin in Afrika gewesen und hatte da mehrere Heilungen und Wunder erlebt. Die jungen Bibelschüler hörten gerne auf ihren Rat.

«Aber warum ist die Krankheit zurückgekommen?», wollte Jost wissen. «Es kann ja wohl nicht sein, dass der Herr erst heilt und dann über Nacht seinen Plan ändert und jetzt die Frau doch sterben lässt, oder?»

«Also will er sich durch diesen Vorfall noch größer verherrlichen. Wir sollten nicht aufgeben, Gott zu glauben.» Elisabeth klang fest und überzeugt.

«Kann es nicht aber auch sein, dass hier noch etwas ganz anderes vorliegt? Sünde zum Beispiel?», ließ Jost nicht locker.

«Mir fällt etwas an dem Wort der Verheißung auf, das wir damals für die Marianna erhielten», fügte Wanja ein. Er war vertieft in seine Bibel und las den Propheten Jeremia.

«Der Text sagt ja: ‹Ich will sie heilen und gesund machen und will ihnen dauernden Frieden gewähren.› Das Heilen haben wir beherzigt, aber was bedeutet hier: Frieden gewähren?»

Wanjas Worte trafen alle wie ein Donnerschlag. Tatsächlich, das Wort der Verheißung ging weiter. Es hatte zwei Teile. Sie lasen den Zusammenhang, und auf einmal wurde vieles klar. Gott wollte heilen und Frieden gewähren, und wenn der Friede nicht hergestellt wurde, war auch Heilung nicht möglich.

«Die Schwiegermutter», riefen Jost und Wanja wie aus einem Mund.

Niemand verstand, was sie sagen wollten.

Wanja erklärte:

«Die Schwiegermutter von Marianna. Wir trafen sie vor Wochen bei unserem ersten Besuch nach ihrer Heilung. Die Frau sah aus wie eine Hexe. Verbittert. Fordernd. Schwer gestört. Jost, wir müssen gleich morgen nach dem Unterricht zu diesen Leuten. In der Familie herrscht Unfrieden, und Mariannas Heilung hängt unmittelbar damit zusammen.»

Am nächsten Tag saßen Jost, Elisabeth und Wanja bei Marianna. Auch die Schwiegermutter war in der Wohnung. Mit Marianna ging es rapide abwärts. Sie war kaum noch ansprechbar. Neben ihr saß ihr Mann und weinte. Die Bibelschüler baten ihn und seine Mutter um ein kurzes Gespräch. Wanja berichtete ihnen von ihrem Eindruck und fragte sie dann, ob es Unfrieden in der Familie gäbe.

«Unfriede ist das falsche Wort. In dieser Familie herrscht Krieg. Meine Mutter kann meine Marianna nicht ausstehen. Sie versprach gleich am Hochzeitstag, dass sie dafür sorgen wird, dass meine Frau unter die Erde kommt. Jetzt scheint sie bald am Ziel ihrer Wünsche zu sein.» Der Mann klang bitter. Er sprach mit gesenktem Kopf.

«Sie sollten sich mit Ihrer Schwiegertochter versöhnen, sonst wird sie sterben», sagte Wanja etwas zögerlich an die alte Frau gewandt.

«Niemals. Sie soll verrecken, diese Hexe. Sie hat mir meinen Sohn genommen. Da ist es nur recht, dass sie unter der Erde verschwindet.» Die alte Frau sagte diese Worte mit einem solchen Hass in der Stimme, dass Wanja und seinen Freunden das Blut in den Adern zu gefrieren schien.

«Aber ...», wollte Wanja gerade seine Rede fortsetzen.

«Kein Aber, junger Mann. Gott kann mit dieser Hure tun, was er will, ich werde ihr jedenfalls niemals meinen Frieden anbieten. Von mir aus wäre es besser, wenn sie draufgeht.»

«Aber Mutter, meine Kinder ...»

«Deine Kinder?! So, jetzt wirst du wach. Du hättest besser nachdenken sollen, als du mit dieser dummen Kuh Kinder gezeugt hast», unterbrach die Alte ihren Sohn, drehte sich dann zu den Bibelschülern und sagte schroff: «So, es genügt jetzt. Wir haben genug zu tun. Danke für euren Besuch. Ihr werdet hier nicht mehr gebraucht. Würdet ihr bitte so lieb sein und gehen?»

«Wir wollen uns nur noch von Marianna verabschieden», sagte Jost mit einer festen Stimme, die keinen Widerspruch akzeptierte. Er stand auf, und Wanja und Elisabeth folgten ihm in Mariannas Zimmer. Diese war zu sich gekommen. Ihre großen offenen Augen sahen die Hereinkommenden mit einem Blick voller Frieden an.

«Danke», sagte sie kaum hörbar und drückte Elisabeths Hand. «Und auf Wiedersehen im Himmel.» Dann drehte sie ihr Gesicht zur Wand und schloss die Augen. Sie war offensichtlich bereit, diese Leidenswelt zu verlassen.

Alle weinten. Auch Wanja konnte seine Tränen nicht mehr zurückhalten. Ein Gefühl unbeschreiblicher Hilflosigkeit und Ohnmacht kam über ihn. Er würdigte die alte Frau, die im Flur auf die Besucher wartete, keines Blickes. Er konnte nicht. Diese abgebrühte Zerstörungswut, dieser Hass und diese psychische Gewalt in einer einfachen alten Frau waren zu viel für ihn. Er rannte buchstäblich an der Frau vorbei aus dem Haus.

Am nächsten Tag starb Marianna. Und im Gebetskreis der Bibelschüler setzte eine heftige Diskussion ein. Die einen, um Elisabeth vereint, hielten dafür, dass Marianna nicht für die Unversöhnlichkeit ihrer Schwiegermutter sterben könne und deshalb Gott ganz bestimmt ein noch viel größeres Wunder tun wollte.

«Gott wird die Marianna von den Toten auferwecken», behauptete Elisabeth. Sie habe darüber eine klare Offenbarung erhalten.

Die anderen hielten sich eher an Jost, der die Sache an der Schrift festmachte und den Tod als Gottes Reden an die Familie sehen wollte.

«Marianna ist bei Gott. Sie hat ihren Frieden gefunden. Durch ihren Tod redet Gott sowohl zu ihrem Mann als auch zu der dämonisierten Schwiegermutter», behauptete Jost.

Wiederum andere, wie Wanja, waren mit der Situation völlig überfordert. Er sprach mit den Lehrern, mit den Ältesten seiner Gemeinde. Aber niemand wusste etwas Sinnvolles und Verständliches zu sagen.

Mariannas Beerdigung wurde auf einen Mittwoch festgesetzt. Dienstagabend traf sich der Bibelschülergebetskreis. Schon bald nach dem Anfang schlug Elisabeth ihren Plan vor.

«Wir gehen heute Nacht zum Friedhof. Marianna ist in der Leichenkammer aufgebahrt, und da beten wir, dass Gott sie von den Toten auferweckt. Ich bin sicher, er wird es tun.»

Elisabeths Anhänger jubelten. Sie schienen nur noch eine große Vorfreude auf ein noch nie gesehenes Wunder zu empfinden. Andere sahen eher skeptisch aus. Um eine Diskussion zu vermeiden, meldete sich Jost und schlug einen Kompromiss vor:

«Nichts wäre mehr zu wünschen, als dass Elisabeths Offenbarung wirklich vom Herrn kommen würde. Ich zweifle daran. Aber ich sehe, dass der Feind dabei ist, durch unsere Unstimmigkeit den Gebetskreis zu zerstören. Deshalb schlage ich vor, wir gehen heute Nacht alle auf den Friedhof und beten um Gottes Eingreifen. Passiert es, dann braucht mich niemand mehr zu überzeugen. Passiert es nicht, dann stehen wir es zusammen durch.»

Josts Vorschlag fand allgemeine Zustimmung.

Gegen Mitternacht versammelten sich die Bibelschüler auf dem Friedhof. Es war eine jener stockfinsteren Nächte, die man heute nur noch selten in Westeuropa hat. Schwere dunkle Wolken hingen über dem Friedhof der Stadt.

«Das hier ist ja wie im besten Hitchcock», sagte Hans-Peter und kicherte dabei unbeholfen. Niemand teilte sein Lachen.

«Hast du etwa was anderes erwartet, Mann? Wir ziehen gegen den Tod zu Felde. Da kann es einfach nicht anders aussehen», entgegnete ihm Elisabeth. Sie war jetzt die klare Führerin. Ihre kurzen Befehle wurden widerspruchslos befolgt.

In der Nähe der Leichenhalle begannen sie zu beten. Sie hielten mehrere Stunden durch, aber in der Halle passierte nichts. Völlig erschöpft schlug Elisabeth vor, den Friedhofswärter zu finden und ihn um den Schlüssel für die Kammer zu bitten, in der Marianna lag.

«Sorry, Elisabeth, aber das mache ich nicht mehr mit. Wenn Gott den Tod überwinden soll, dann wird er wohl auch das lächerliche Schloss knacken können. Ich bin mittlerweile ziemlich sicher, dass deine Offenbarung nicht von Gott war und wir diese Aktion hier getrost abbrechen können. Unser Herr wird Marianna nicht auferwecken.» Wanjas Stimme zitterte. Er war todmüde, ihm war kalt, und er fand bereits seit Stunden, dass Elisabeth sich in ihrer angeblichen Offenbarung verrannt hatte.

«Ich empfinde ähnlich», sagten mehrere zugleich.

«Aber es war doch der Herr. Ich war mir so sicher.» Elisabeth schluchzte.

«Wir haben es uns genauso sehr gewünscht wie du, Elisabeth. Aber das gibt keinem von uns das Recht, von Gott ein Wunder erzwingen zu wollen. Er wird es sich kaum gefallen lassen. Komm, lass uns zurück in die Bibelschule gehen.» Josts entschlossene Stimme überzeugte schließlich auch Elisabeth. Gegen fünf Uhr morgens kehrten sie in ihr Wohnheim zurück.

Am nächsten Tag schrieb Wanja in sein Tagebuch folgende Sätze: «Marianna ist tot. Gott wollte sie heilen. Ihre Schwiegermutter nicht. Gott hatte seine Verheißung an eine Bedingung gebunden. Und davon rückte er nicht ab. Unser lächerlicher Versuch, nachts seinen mächtigen Arm durch unser Gebet doch noch zu bewegen, scheiterte kläglich. Ein Dreifaches will ich aus dieser Erfahrung lernen: a) Gott kann und will Menschen von ihren Krankheiten heilen; b) Gott bindet sich an sein Wort. Was er spricht, wird ausgeführt. Wir Menschen brauchen uns nicht darum zu bemühen, ihn doch noch nach unserer Fasson gnädig stimmen zu wollen; c) Es ist gut, wenn man mit den Geschwistern im Glauben eine zusätzliche Meile mitgeht, auch dann, wenn man weiß, dass sie sich irren. Unser Gebetskreis drohte zusammenzubrechen. Aber dadurch, dass wir mit den Optimisten um Elisabeth mitgingen, konnten wir einander helfen und sind heute zusammengeschweißt wie nie zuvor.»

Und tatsächlich, die Erfahrung auf dem Friedhof brachte den Kreis nur noch näher zusammen. Elisabeth entschuldigte sich für ihre übersteigerten Erwartungen und bat darum, ihr zu helfen, in Zukunft zwischen den eigenen Gedanken und dem Reden Gottes unterscheiden zu lernen. So wurde aus dem etwas peinlichen Vorfall doch noch eine wichtige geistliche Lektion für alle.

Wochen später erzählte Wanja die Geschichte einem seiner russlanddeutschen Freunde. Dieser war schockiert.

«Du bist auf den Friedhof mitgegangen? Nachts? Ihr habt versucht, eine Leiche von den Toten aufzuerwecken? Das ist doch unerhört. Was sagen denn die Bibelschullehrer dazu?»

«Wir haben die Sache nicht an die große Glocke gehängt, aber diejenigen, die es erfahren haben, fanden es vorbildhaft, wie wir am Ende damit umgegangen sind.»

«Bei uns hätte man euch allesamt aus der Gemeinde ausgeschlossen.»

«Ich weiß, ich weiß. Aber wäre es denn richtig gewesen? Lernen kann man nur, wenn man auch die Freiheit hat, Fehler zu machen. Und die haben unsere Leute nicht. Auf der Bibelschule haben wir sie. Und ich reife dabei.»

Nichts als Glühbirnen

Immer mehr Russlanddeutsche siedelten nach Neuland über. Die Sowjetunion hatte die Ausreisebestimmungen für die Deutschen im Land etwas gelockert. Und jetzt kamen im Zuge der Familienzusammenführung auch Wanjas Verwandte nach Deutschland. Die Freie Gemeinde, zu der die Richters gehörten, sah sich bald genötigt, den vielen Umsiedlern Freiräume für eigene Versammlungen zu ermöglichen. Viele von ihnen kannten von zu Hause den sogenannten «Wochenschluss» – eine Samstagsandacht, bei der viel gesungen und gepredigt wurde.

Auch Wanja sah sich immer wieder aufgefordert, am Samstag ebenfalls am Wort zu dienen. Außerdem baute er einen Jugendchor auf, der bei diesen Andachten sang. Doch während die einen seinen Dienst begrüßten, kam von den anderen zunehmend Kritik. Die einen störten sich daran, dass nun auch die russlanddeutschen Mädchen Hosen trugen, die anderen fanden es völlig unangebracht, dass junge Männer weiße Socken trugen, die dritten fanden es anstößig, dass Wanja während der Predigt seinen Worten durch Gestikulieren Nachdruck verlieh. Von alldem nahm man an der Bibelschule kaum Notiz. Auch im einheimischen Teil der Gemeinde waren diese Themen nicht an der Tagesordnung.

Wanja merkte, wie er sich Monat für Monat seiner eigenen Kultur und der Familie entfremdete. Zu Hause wurde immer wieder diskutiert. Die armen Eltern sahen sich unter Druck gesetzt, weil ihr Sohn offensichtlich einen gefährlichen und falschen Weg eingeschlagen hatte. Wenigstens dachten seine Verwandten so. Wanja wurde beschuldigt, die Jugend nicht mehr die Normen der Russlanddeutschen zu lehren. Die äußere Erscheinung der Jugendlichen, die neuen flotten Lieder, die sie sangen, das Klatschen bei Veranstaltungen und manches mehr erfüllte die verantwortlichen Brüder mit Sorge.

Der Konflikt brach offen aus, als Wanjas Onkel Siegbert, der als ordinierter Bruder die russlanddeutschen Andachten leitete, in aller Öffentlichkeit erklärte, dass Gemeindeglieder, die mit dem Herrn leben wollten, ab sofort in ihren Wohnungen nur noch Glühbirnen an die Decke hängen dürften.

«Das Zeichen des wahren Christseins ist Einfachheit und nicht Prunk», erklärte der Mann in seiner Kurzbotschaft.

Wanja, der an dem besagten Samstag nach seinem Onkel predigte, griff ihn öffentlich an. Sein Onkel würde eine Irrlehre predigen, die Gemüter der Geschwister verwirren, und mit einem solchen Vorgehen müsste in der Gemeinde aufgeräumt werden. Onkel Siegbert fühlte sich mit Recht herausgefordert, und es kam zu sehr unschönen Szenen. Am Ende erteilten die Brüder Wanja ein dreimonatiges Predigtverbot. Aber es sollte bald noch viel schlimmer kommen.

Die russlanddeutschen Christen waren gerade dabei, selbständige Strukturen im Land aufzubauen. Dazu gehörte auch die Jugendarbeit. Auch Wanja nahm aktiv an den Treffen der Jugendleiter teil. Seine Heimatgemeinde gehörte zwar nicht zu den russlanddeutschen Gemeinden, aber man lud ihn trotzdem ein, waren doch viele der russlanddeutschen Jugendleiter seine alten Kampfgefährten aus der Sowjetunion.

Einmal im Jahr trafen sich die Jugendleiter aus ganz Deutschland zum Austausch. Man hörte Predigten der älteren Brüder zu, tauschte sich über die Arbeit in den Jugendgruppen aus und plante gemeinsame Konferenzen. Im Jahre 1977 bauten Mitarbeiterinnen der von Wanja geleiteten Jugendgruppe eine missionarische Mädchenarbeit auf. Wanja war vom Ergebnis dieser Arbeit so begeistert, dass er Lisa, die Leiterin der Mädchenarbeit, einlud, mit ihm zu der russlanddeutschen Jugendleiterkonferenz zu reisen und da zu berichten.

«Das geht doch nicht, Wanja», meinte Lisa, die ebenfalls aus der Sowjetunion kam. «Frauen dürfen bei Jugendleiterkonferenzen höchstens kochen und am Tisch bedienen. Das weißt du doch selbst besser als ich. Was soll schon Gutes dabei herauskommen? Wir verursachen nur Ärger.»

«Warum, Lisa? Viele der Jugendleiter denken schon längst anders, und manche von ihnen sind auf der Bibelschule. Sie wissen, dass unsere überkommenen Vorstellungen falsch sind. Dein Bericht wird diese Brüder ermutigen, und dann sind ja auch Schwestern dabei. Wie du selbst gesagt hast, dienen sie nur am Tisch. Dein Zeugnis wird sie bestimmt ermutigen.»

«Na gut, ich fahre mit, aber die Verantwortung für das, was kommen wird, liegt bei dir.»

«Ich wollte dieses Jahr sowieso unseren Hauptjugendleiter, den Bibelschullehrer Peter Schmidt, zum Mitgehen einladen. Wir fahren somit zu dritt.»

Die Konferenz fand in der Stadt Hamm statt. Hier gab es eine erst kürzlich gegründete Gemeinde, deren Leiter allesamt aus der Untergrundbewegung kamen und für ihre Radikalität bekannt waren. Wanja wurde mulmig, als er sah, wer den Tag leitete.

«Sollte ich vielleicht lieber schweigen und den Schwestern in der Küche helfen?», fragte ihn Lisa unsicher.

«Nein, Lisa, wenn wir diese Leute lieben, dann müssen wir es ihnen heute sagen.»

Nach einer kurzen Predigt lud man die Jugendleiter ein, aus dem Leben ihrer Gruppen zu berichten. «Wir gehen alphabetisch vor», schlug der Leiter vor.

Neuland kam irgendwo in der Mitte dran. Kurz vor dem Mittag waren sie dann an der Reihe. Wanja erhob sich von seinem Platz und erzählte mit wenigen Sätzen, wie Gott in ihrer Mitte arbeitete. Dann, nach einer kurzen Pause, sagte er:

«Ich habe heute jemand ganz Wichtiges mitgebracht. Es ist Schwester Lisa. Sie leitet bei uns die Mädchenarbeit, eine ganz neue und überaus erfolgreiche Arbeit in der Gemeinde. Lisa wird berichten, was Gott so unter uns tut.»

Dann stand Lisa auf.

«Frauen sollen in der Gemeinde schweigen», hörte Wanja den Tagesleiter zischen. Auch aus anderen Ecken hörte man ein Murren. Aber Lisa ließ sich von diesen Stimmen nicht stören und begann ihren Bericht. Sie erzählte, wie Mädchen aus der Welt für Jesus gewonnen wurden, wie Jüngerschaft geschah.

«Und das tust du alles mit abgeschnittenem Haar», unterbrach sie der Tagesleiter schließlich laut. Sein Gesicht war rot angelaufen, und man sah es ihm an, dass er nur noch mit Mühe seinen Zorn zurückhielt.

«Es geht doch nicht um den Haarschnitt», versuchte Lisa die entstandene peinliche Situation zu retten.

Aber der Mann gab nicht nach.

«In der Gemeinde Jesu sollte eine Frau schweigen. Und eine Frau mit abgeschnittenen Haaren, die einer Hure gleicht, darf erst recht nicht reden. Wir haben genug gehört. Setz dich.»

Ein Raunen ging durch den Saal. Jüngere missbilligten das Verhalten des Leiters, Ältere begrüßten seinen radikalen Eingriff. Es wurde immer lauter im Raum. Lisa setzte sich, und ehe der Tagesleiter die Situation wieder im Griff hatte, sprang Wanja hoch und sagte so laut, dass es alle im Saal mitbekamen:

«Der Bruder hat eine wichtige Frage angeschnitten. Auch wir fragen uns, ob es richtig ist, den Frauen zu erlauben, ihre Haare zu schneiden. Wie ihr wisst, gehören wir zu einer gemischten Gemeinde, und da helfen uns unsere einheimischen Geschwister schon, schwierige Fragen von der Schrift her zu lösen. Ich habe heute unseren Hauptjugendleiter Peter Schmidt mitgebracht. Er ist Bibelschullehrer, und deshalb würde ich ihn bitten, uns einmal zu erklären, warum man in den einheimischen Gemeinden den Frauen erlaubt, ihre Haare zu schneiden. Bruder Schmidt, bitte.»

Wanjas Worte fielen sozusagen wie ein Hammer auf die Glocke, die alle Anwesenden zur Ruhe mahnte. Es wurde ganz still im Raum. Auch der Tagesleiter setzte sich. Wanja wusste, was er tat. Russlanddeutsche waren in der Regel laut, wenn sie unter sich waren, aber nichts wäre ihnen peinlicher als eine Blamage vor einem Einheimischen. Ihre Schamkultur würde ihnen jeden Mut rauben, diesem Fremden zu widersprechen. Und genau das geschah. Schmidt sprach, und alle hörten zu. Er blieb recht kurz bei der Frage der Haare, ermutigte jede Gemeinde, in dieser Frage selbst die biblische Wahrheit herauszufinden, und schritt schnell zur Frage der Evangelisation und Mission. Ausdrücklich lobte er Lisa und ihre Mitarbeiterinnen für ihren evangelistischen Eifer.

«Ihr seid in der Sowjetunion für euren Glauben in den Tod gegangen. Setzt euch mit dem gleichen Eifer hier in der Freiheit für die Menschen ein, die Jesus noch nicht kennen. Das wird der größte Segen, den unser Land von euch bekommen kann.»

Peter Schmidt setzte sich. Niemand sprach auch nur ein Wort. Schließlich stand der Tagesleiter auf und sagte:

«Das stimmt Bruder, wir haben für Jesus gelitten. Und warum? Weil wir uns an die Bibel gehalten haben, und das haben wir auch in Deutschland vor.» Dann wechselte er zum Russischen und lud alle ein, zum Mittagessen zu kommen. Weiter, so sagte er, würde man die Konferenz in Russisch durchführen. Es seien doch mehrere Brüder anwesend, die kein Deutsch verstehen würden. Wanja übersetzte die Sätze seinem Lehrer.

«Er will mich hier nicht, stimmt's, Wanja?», fragte ihn Bruder Schmidt.

«Es stimmt, leider.»

«Dann sollten wir am Nachmittag fahren.»

Nach dem Mittagessen reisten die Neuländer ab. Sie wurden nie mehr zu einer Jugendleiterkonferenz eingeladen.

Wanja wurde dagegen vorgeladen. Führende Brüder der russlanddeutschen Bewegung ermahnten ihn, so etwas nie mehr zu machen. Er entschuldigte sich und versprach, keine Schwestern mehr zu den Treffen mitzubringen. Bei ihm blieb ein bitterer Nachgeschmack zurück. Und den Brüdern wird es sicher ähnlich ergangen sein.

Die radikale Schwarzweiß-Frömmigkeit der Russlanddeutschen machte Wanja zunehmend Mühe. Ende 1977 wurde er eingeladen, in der russlanddeutschen Gemeinde der Hauptstadt bei einer Jugendkonferenz zu predigen. Er nahm die Einladung an und beschloss auf dieser Konferenz, mit seiner Tradition zu brechen und einige kritische Themen anzusprechen, die ihm inzwischen bewusst geworden waren.

«Die werden nicht auf dich hören, Wanja», versuchte einer seiner besten Freunde ihn von seinem Vorhaben abzuhalten.

«Ich glaube schon. Unsere Prediger haben nicht studiert. Die wissen nichts von dem, was ich hier auf der Bibelschule gelernt habe. Wenn sie es erst einmal schwarz auf weiß in der Bibel sehen, dann werden sie glauben.»

«Du bist naiv, Wanja. Traditionen sitzen viel tiefer, als du glaubst. Deine Leute sind zwar der Bibel ergeben, aber auch nur da, wo sie ihre Tradition bestätigt», gab sein Freund nicht nach. «Sie sind gegen Klatschen, weil sie glauben, dass die Bibel gegen das Klatschen ist. Sie sind dagegen, dass Frauen sich die Haare schneiden, weil ...»

«Weil sie so die Bibel verstehen. Ich weiß das doch alles. Aber das ist es ja. Sie denken, die Bibel verbiete den Applaus. Tut sie aber nicht. Sie denken, die Bibel verbietet den Tanz. Tut sie aber nicht. Paulus sagte zu den Ephesern in Kapitel 4,18: ‹Sie sind entfremdet dem Leben, das aus Gott ist, durch die Unwissenheit, die in ihnen ist› – dieses Wort Gottes passt auf mein Volk. Und ich will ihnen Wissen geben.»

«Du hast Recht, Wanja, unsere Leute wissen es nicht besser. Aber das von dir eben zitierte Wort enthält auch noch eine weitere Ursache, warum die Menschen dem Leben aus Gott entfremdet sind: die Verstockung ihres Herzens. Ich hoffe sehr, dass du nicht auf Granit beißt, Wanja. Ich will nicht Recht behalten, aber ich halte deine Aktion für viel zu verfrüht.»

Und es sollte tatsächlich so kommen. Wanjas Beitrag löste eine Welle der Empörung aus. Einer der verantwortlichen Pastoren ging gleich nach dem Vortrag nach vorne und hielt eine vernichtende Gegenrede. Nein, er zitierte keine Bibelstellen, wie Wanja es getan hatte. Seine Rede war durch und durch polemisch.

«So etwas lernen unsere jungen Leute auf den Bibelschulen: in die Hände klatschen, Haare schneiden und sogar tanzen wollen sie. Wir wissen, woher dieser Geist stammt. Nicht Gott, nein, der Teufel ist sein Ursprung.»

Der Mann drosch verbal auf Wanja ein. Längst ging es nicht mehr um die wenigen Forderungen, die dieser gestellt hatte. Es ging um die endzeitliche Verführung, und Wanja war einer jener Verführer, die der Teufel in die Welt ausgesandt hatte. Wanja traute seinen Ohren nicht, was er da von der Kanzel zu hören bekam.

Nach dem Gottesdienst versuchte er mit dem Bruder zu reden. Aber weder dieser noch irgendein anderer Verantwortlicher wollte noch mit ihm sprechen.

«Mit Verrätern reden wir nicht», sagte ihm schließlich einer seiner ehemaligen Mentoren. «Du bist zu weit gegangen, Wanja.»

Unverrichteter Dinge verließ Wanja die Konferenz. Er

ahnte Böses. Und es kam schlimmer, als er befürchtet hatte.

Am nächsten Tag rief ihn Nikolai an, ein langjähriger Freund, der zum Bruderrat der russlanddeutschen Gemeinde gehörte.

«Du bist erledigt, Wanja. In unseren Gemeinden bist du erledigt. Niemand wird dich mehr einladen.»

«Was ist denn passiert? Ist mein Vortrag in Bonn so schlecht angekommen?»

«Schlecht ist noch das falsche Wort. Man hat dich zum Mitarbeiter des KGB gemacht.»

«Jetzt aber langsam, Nikolai. Was bin ich?» Wanja verstand nicht.

«Gestern nach der Konferenz trafen sich die verantwortlichen Brüder, und es wurde viel über dich gesprochen. Plötzlich stand einer der Leiter auf. Er behauptete, dich zu kennen und zu wissen, dass du dir all die Geschichten vom Leiden bei der sowjetischen Armee ausgedacht hast. In Wirklichkeit aber seist du ein Agent des KGB im Rang eines Kapitäns. Und dein Auftrag sei es, die russlanddeutschen Gemeinden in Westdeutschland zu destabilisieren.»

«Und diesen Schwachsinn haben die Brüder geglaubt?», staunte Wanja.

«Auch wenn die wenigsten so etwas ernst nehmen, Wanja. In unseren Kreisen genügt ein Anfangsverdacht, um für immer isoliert zu werden. Du kannst einpacken.»

Wanja war schockiert. Seine geliebten Brüder, seine Vorbilder, seine Leidensgenossen, ließen ihn wie eine heiße Kartoffel fallen. Nicht nur, dass sie seinen Versuch, sie biblisch aufzuklären, ausschlugen. Sie verleumdeten ihn auch noch.

Ein tiefer Schmerz drang durch Wanjas Brust. Tagelang lief er wie ein verwundetes Tier durch die Bibelschule. Er fand keine Ruhe. Warum nur hatte er nicht auf seinen Freund gehört? Wie naiv musste er bloß gewesen sein, anzunehmen, dass die alten Brüder auf ihn, den Grünschnabel, hören würden? Er machte sich Vorwürfe. Dann suchte er nach einer Rechtfertigung für seine Tat. «Was habe ich denn Falsches gesagt? Ich habe nur die Bibel zitiert. Ist das nicht mehr erlaubt? Sollten wir jungen Menschen nicht mehr die Bibel lesen? Wo würde man aber dann in der Gemeinde ankommen?» Nein, es war richtig, dass er es gewagt hatte.

So ging es tagelang hin und her. Natürlich betete Wanja dabei viel und intensiv. Aber Gott schien in dieser Sache zu schweigen. Dann, nach Tagen, hörte er eines Nachts deutlich Gottes Stimme. «Suche, was verloren ist, und ich werde mit dir sein.» Die Worte brannten sich in sein Herz. Wie der Nebel, der von der aufsteigenden Sonne am frühen Herbsttag vertrieben wird, schwanden seine bohrenden und nagenden Gedanken.

«Du hast mich nach Deutschland gesandt, Herr, also gehe ich auch zu den Deutschen. Bitte vergib meinen Brüdern, sie wissen doch ganz bestimmt nicht, was sie tun», betete er.

Gott an erster Stelle

Die Zeit verging. Wanja erfreute sich inzwischen bester Gesundheit und genoss sein Studium in «Licht auf dem Berg». Die Beziehungen zu seinen russlanddeutschen Freunden waren fast alle abgebrochen. Ab und zu besuchte ihn einer von ihnen. Der anfängliche Schmerz über den Verlust dieser Beziehungen klang ab, und die geschlagenen Wunden heilten. Er hatte viele neue Freunde gefunden. Immer wieder wurde er in die unterschiedlichsten Gemeinden eingeladen. Peter Schmidt, sein Lehrer, Mentor und Freund, nahm Wanja wenn immer möglich mit. Wanja fühlte sich geehrt und war gerne dabei. Hier und da kamen auch Menschen zum Glauben. Gott war sichtbar in seinem Leben am Wirken.

Nur die Liebe zu Olga wollte nicht versiegen. Viele deutsche Mädchen zeigten Wanja ihre Zuneigung. Aber er blieb hart. In den nunmehr zweieinhalb Jahren nach ihrer Begegnung in Unna-Massen hatte Wanja ihr mehrere Briefe geschrieben. Nur einmal, als er ihr seine Probleme schilderte, erhielt er eine Karte, auf der stand, dass Gott den glimmenden Docht nicht auslöschen wird. Wanja empfand die Karte eher als Beleidigung denn als Trost. Und trotzdem konnte er Olga nicht vergessen. Immer wieder hörte er tief in seinem Herzen die Stimme, die ihm sagte, dass Olga nichts für ihn sei, aber dann kamen die Gefühle, und Wanja konnte nichts mit sich selbst anfangen. Eine andere Frau kam halt nicht in Frage. Wenn er Olga nicht bekam, dann sollte es eben keine sein. Und statt Mädchen hinterherzusehen und an einer Freundschaft zu arbeiten, wie es seine Kommilitonen in der Bibelschule taten, stürzte er sich in die geistliche Arbeit. Zu der Jugendarbeit der Gemeinde kamen die vielen Missionsreisen hinzu, und ab Mitte 1977 auch die ersten Schmuggelfahrten.

Etliche Zeit später, Wanja hatte gerade eine Reise mit einer Ladung russischer Bibeln und Neuer Testamente nach Rumänien hinter sich gebracht und war erfolgreich an die Bibelschule zurückgekehrt, stand eines Tages ein Mann vor seinem Zimmer. Er stellte sich als Mitarbeiter eines deutschen Geheimdienstes vor und wollte Wanja allein sprechen.

«Mit Geheimdiensten habe ich nichts zu tun. Davon habe ich schon in der Sowjetunion die Nase voll gehabt», versuchte Wanja jedes Gespräch mit dem Mann abzubrechen.

«Und doch wäre es für Sie wichtig, mit mir zu reden, junger Mann», blieb der Mensch hartnäckig.

«Wenn schon, dann nicht ohne Zeugen.»

Der Mann akzeptierte, und Wanja holte den Hausvater der Bibelschule dazu.

«Ich komme aus Düsseldorf zu Ihnen, Herr Richter. Wir haben Sie ein Jahr lang beschattet. Ich weiß alles über Sie. Und da wir nichts gefunden haben, was die gegen Sie erhobenen Beschuldigungen bestätigen würde, haben wir uns entschlossen, Ihnen den Vorgang bekannt zu machen.»

«Beschattet? Mich? Beschuldigungen? Wovon reden Sie?» Wanja verstand nicht.

«Sie wurden aus dem inneren Kreis der Leitung der russlanddeutschen Evangeliums-Christen-Baptisten-Gemeinden angeklagt, ein sowjetischer KGB-Agent zu sein. Natürlich wurde diese Anklage anonym vorgetragen. Auf unsere Anfrage in der Leitung wurde uns bestätigt, dass die Leitung der Gemeinden davon ausgeht, dass Sie im Auftrag des KGB in Deutschland tätig sind.»

«Aber das ist doch blanker Unsinn!»

«Ist es auch. Aber als wir die entsprechende Mitteilung erhielten, da wussten wir es noch nicht, und somit begann eine ganzjährige Observation.»

«Und was wissen Sie nun über den Herrn Richter, das er selbst nicht weiß?»

«Ich will mich nicht in die Details vertiefen. Das brauchen Sie nicht zu wissen. Aber Sie sollten wissen, dass jemand unter Ihren sogenannten Brüdern ein großes Interesse daran hat, Sie zu verleumden. Wir wissen heute, dass es das Werk des sowjetischen Geheimdienstes ist. Es gibt sie tatsächlich, die Agenten des KGB, und sie werden sicher auch hinter Ihrer Demontage stehen.»

Wanja schwieg. Dass Christen so weit gehen würden und ihn beim Geheimdienst anschwärzten, das konnte er sich in den wildesten Fantasien nicht vorstellen. Und das ausgerechnet aus dem Kreis seiner alten Kampfgenossen ...

«Nun ja, Herr Richter, ich habe meine Pflicht getan. Hier haben Sie meine Telefonnummer. Wenn Sie unsere Hilfe brauchen, melden Sie sich. Passen Sie außerdem bei Ihren Schmuggelfahrten auf. So etwas fällt bald auf, und dann kann es recht problematisch für Sie enden.»

«Sie wissen tatsächlich alles», schmunzelte Wanja. Er begleitete den Mann noch bis zum Ausgang.

«Warum enttarnen Sie diese Typen nicht einfach?», wollte Wanja wissen.

«Das wäre kontraproduktiv. Solange sie nur in den Kirchen tätig sind, stellen sie für unseren Staat keine Gefahr dar, und wir können sie trotzdem beobachten. Vielleicht kommt auch für sie einmal das böse Erwachen.»

«Vielleicht», antwortete Wanja leise. Er musste diese Nachrichten erst verdauen. Seine Brüder waren nicht nur auf Distanz zu ihm gegangen. Sie hatten ihn bei der Regierung angeschwärzt. Was wollten sie damit erreichen? Sollte er mundtot gemacht werden? Konnte man an die Echtheit der Brüder glauben? Wer so arg fehlgeleitet wurde, hatte der noch das Recht, sich einen «Bruder im Herrn» zu nennen?

«Lass deine Fragen, Wanja», hörte er plötzlich eine Stimme hinter sich sagen. Er drehte sich um und sah den Hausvater der Bibelschule. «Du wirst sicher nie erfahren, wer dich verraten hat. Warum solltest du auch? Jeder von uns wird sich einmal für die eigenen Taten verantworten müssen. Richte nicht über deine Brüder. Überlass Gott das Urteil. Unser Kampf ist nicht gegen Fleisch und Blut, und erst recht nicht gegen die Brüder in Christus. Sogar dann nicht, wenn sie Fehler, große Fehler begehen. Bete für sie, und Gott wird dich in seinem Werk gebrauchen.»

Die Worte des Hausvaters wirkten wie Balsam auf Wanjas verletzte Seele. Die Wunde, die vor einem Jahr mit seinem vollen Ausschluss geschlagen worden war und die jetzt wieder aufgerissen wurde, zog sich wieder zusammen.

«Du hast Recht, Bruder. Ich muss nicht kämpfen, und ich werde auch nicht. Gott soll mit diesen Brüdern rechten. Ich werde mich auf meinen Auftrag konzentrieren.»

Es kam Wanja vor, als würde die Sonne durch eine dichte Wolkendecke durchbrechen. In seinem Herzen wurde es hell und friedvoll.

«Binde dich nicht an Menschen, Wanja. Binde dich an Gott, um Menschen zu dienen, dann können Menschen dich auch nicht mehr enttäuschen.»

Wanja wiederholte diesen letzten Satz seines Hausvaters immer wieder, während er zurück zu seinem Zimmer ging.

«Ist was, Wanja?», fragte ihn Jost, der seinen Freund vor sich hin sprechend zurückkehren sah.

«Ja, Jost, ich habe gerade meine Brüder verloren. Aber Gott hat mir dafür einen Auftrag gegeben, und jetzt geht es mir wieder gut.»

«Kannst du etwas verständlicher reden?» Jost kapierte offensichtlich gar nichts.

«Ich kann schon. Komm, lass uns zusammen einen Tee trinken. So etwas kann man nur in gemütlicher Runde erzählen. Es ist zu wichtig, um es zwischen Tür und Angel zu berichten.» Wanja lachte.

Sie gingen in sein Zimmer, und Wanja erzählte seinem Freund, was vorgefallen war.

Endlich Sieg

Besinnungstage an der Bibelschule waren von Anfang an für Wanja von besonderer Intensität geprägt. Nach gemeinsamer Andacht gingen die Schüler in die persönliche Stille und verbrachten Zeit allein mit Gott. Wanja ging in der Regel in den Wald. Nicht nur einmal hatte er die Waldwege hinter dem Schulgelände abgewandert und an vielen Bäumen Gott sein Leid geklagt. Manchmal schien es ihm, dass die Vögel ihn besonders nett begrüßten, sobald er den Wald betrat. Eigentlich mussten sie ihn schon längst kennen.

Wie jedes Jahr, so stand auch dieses Mal ein biblisches Buch im Zentrum der Besinnungstage an der Schule. Es ging um Esra und die Reinigung des Volkes Gottes. Wanja fiel bereits bei der Einführung durch einen Alttestamentler der enge Zusammenhang zwischen der Reinheit der Priester und dem Aufbruch im Volk Gottes auf. Jetzt, wo er sich im Wald auf einen Baumstamm setzte und die entsprechenden Kapitel erneut durchlas, blieb sein Augenmerk auf der langen Liste der Priester hängen, die mit heidnischen Frauen verheiratet gewesen waren. Normalerweise ignorierte er solche Listen im Alten Testament und las einfach über sie hinweg. Dieses Mal schien ihn die Liste irgendwie magisch anzuziehen. Penibel ging er die betroffenen Priester einzeln durch. Dabei fiel sein Blick auf einen Namen, und Wanja traute seinen Augen nicht. Der eine Priester hieß so wie er: Wanja. Er sah wieder nach und tatsächlich – seine russische Übersetzung nannte den Priester Wanja.

Der Priester Wanja hatte eine Frau, die seinen Dienst störte, und Gott forderte ihn auf, sich von dieser Frau zu trennen. Erst fand Wanja das irgendwie lustig, seinen Namen in der Bibel zu entdecken, und dann noch in dieser Schreibweise. Wanja wird von Iwan abgeleitet und stellt die russische Form von Johannes dar. Dass ausgerechnet dieses Kürzel im Alten Testament steht? Doch dann hörte er deutlich, wie eine innere Stimme ihm sagte:

«Du bist dieser Priester, Wanja.»

Er verstand nicht. War es der Herr, der zu ihm sprach? Eine unbeschreibliche Unruhe überkam ihn.

«Du bist der Priester, der sich auf eine Frau eingelassen hat, deren Wahl nicht von mir stammt.»

Vor Wanjas innerem Auge stand Olga. Sie lächelte ihm zu. Ihr Blick war so verführerisch, dass Wanja ihr am liebsten entgegenlaufen wollte, um sie in seine Arme zu schließen. Hastig öffnete er seine Augen. Um ihn herum waren hohe Tannen, und ein wolkenloser Himmel zeugte von Frieden und Geborgenheit. Wanja schloss seine Augen wieder und fing an zu beten. Wieder erschien ihm Olga. Sie kam näher. Doch jetzt schien ihr Gesicht verändert. Sie sah aus wie eine alte Frau, die mürrisch und verbittert dreinschaute.

«Du bist der Priester, Wanja. Lass deine Hände von dieser Frau.» Wieder riss Wanja seine Augen auf. Der Wald war friedlich wie eh und je. Der Sturm kam von innen.

«Herr, bist du das? Habe ich mich gegen dich versündigt, indem ich meine Träume und Gefühle an Olga verschwendete? Bitte, antworte mir, Herr. Ich liebe diese Frau. Ich kann nicht ohne sie.»

«Du kannst, Wanja! Du *willst* nicht! Und heute wirst du dich entscheiden müssen. Entweder sie oder ich.»

«Bitte, Herr, bitte stell mich nicht vor eine solche Entscheidung», schrie Wanja laut los. Er fiel auf seine Knie nieder und fing an zu weinen.

«Es geht nicht anders, Wanja. Sie oder ich. Entscheide dich.»

«Herr, ich habe mich längst entschieden. Ich will dir dienen. Ich habe mich immer wieder darum bemüht, Olga zu vergessen. Ich habe sie freigegeben. Aber mein Herz hat sie immer wieder zurückgeholt. Ich kann es nicht selbst. Ich entscheide mich für dich, aber bitte beruhige du mein Herz. Ich will, Herr. Bitte hilf mir.»

Tränen rollten seine Wangen herunter. Wanja öffnete seine Augen und blickte in den blauen Himmel. «Trachtet nach dem, was droben ist», kamen ihm die Worte aus dem Kolosserbrief in den Sinn. Und dann schien ihm, als ob der Himmel sich vor ihm öffnete und ihn mit in das blaue Himmelsmeer aufnahm. Es war ein unbeschreibliches Gefühl der Geborgenheit und der Nähe Gottes. Es erfasste langsam seinen Kopf, dann sein Inneres, und schließlich fühlte er sich total umgeben von einer himmlischen Ruhe. Seine Ängste waren verflogen. Olgas Gesicht war weg und sein Herz endlich frei.

Wanja blieb noch lange auf seinen Knien im Wald. Es war ihm fast unmöglich, diesen Platz zu verlassen. Er befürchtete, seine Gefühle würden irgendwie zurückkehren und die eben getroffene Entscheidung würde wieder vom liebeskranken Herzen in Frage gestellt werden. Doch der Sieg schien endgültig. Als er nach Stunden in sein Zimmer zurückkam, schien alles an ihm so stark zu strahlen, dass Mitstudenten ihn fragten, was denn passiert sei.

«Ich habe eben die Gabe der Ehelosigkeit erhalten», antwortete Wanja froh.

Am Abend schrieb Wanja in sein Tagebuch den Satz: «Heute hat Gott die letzte Barriere für einen Dienst in seinem Reich weggeräumt. Ich hing an meiner Tradition. Er hat sie mir genommen. Ich hatte die Brüder, denen ich mich verpflichtet wusste. Er hat sie mir genommen. Ich hatte ein Mädchen, dem ich mein Herz gegeben hatte. Er hat es mir genommen. Ich bin jetzt frei, ihm zu dienen.»

Mission ja, aber nie übereilt

Keine Veranstaltung in «Licht auf dem Berg» forderte Wanja mehr heraus als die Miss-Info. Es handelte sich hierbei nicht um irgendeinen Regelunterricht. Die Schulleitung hatte eine wöchentliche missionarische Informationsveranstaltung eingerichtet, um den Studenten den unmittelbaren Zugang zu Missionswerken zu ermöglichen. Zu diesem Zweck wurden Werke aus dem ganzen Land eingeladen, ihre Arbeit vorzustellen und, wenn möglich, die zukünftigen Absolventen für ihre Missionsfelder zu rekrutieren. Auf diese Weise machte Wanja seine erste Bekanntschaft mit dem Missionsbund «Licht im Osten». Und schon bald reiste er selbst genauso wie mehrere Jugendliche aus seiner Jugendgruppe in den Osten Europas – und zwar mit Bibeln im Gepäck. Sie brachten jedes Mal einen «Sack voller Erfahrungen» mit nach Hause.

Andere Missionswerke hatten bis jetzt kaum vermocht, Wanjas Aufmerksamkeit zu gewinnen. Doch an diesem Tag sollte alles anders werden. Ein Missionar aus Pakistan, der von der Bibelschule ausgesandt worden war, berichtete von seiner Arbeit in Karatschi. Er stellte die besondere Not dar, pakistanische Jugendliche mit dem Evangelium zu erreichen. Und je länger er von der Not der Jugendlichen sprach, desto tiefer schien sein Wort Wanjas Herz zu treffen. Der Missionar suchte einen Mann mit kulturübergreifender Erfahrung. Wanja war so ein Mann. Am besten wäre jemand, der die Asiaten kannte. Wanja war unter Usbeken und Kasachen aufgewachsen. Außerdem sollte der Kandidat Erfahrungen in Jugendarbeit mitbringen. Wanja war seit Jahren in der Jugendarbeit tätig.

«Was der da erzählt, passt zu dir wie die Faust aufs Auge, Wanja», bemerkte sein Freund Jost nach dem Vortrag.

«Habe ich auch schon gedacht. Aber jetzt, wo mich nichts mehr in Deutschland hält ... Ich könnte gehen.»

«Du hast noch ein Jahr Bibelschule vor dir, Wanja», sagte Jost.

Sollte das ein Hindernis sein? Musste man unbedingt drei Jahre Bibelschule absolvieren, um in Pakistan Jugendarbeit zu machen?

Die nächsten Tage wurde Wanja den Gedanken nicht

mehr los. Schließlich entschloss er sich, mit dem Missionar zu reden.

«Sehr gut, Bruder, ich finde deine Bereitschaft einfach vorbildhaft. Und sicher brauchst du keine dreijährige Ausbildung, um nach Pakistan auszureisen. Du bist bereits jetzt gut ausgebildet.» Der Missionar schien von Wanjas Lebensführung begeistert zu sein. «Wir gehen im Herbst wieder zurück, und dann könntest du mit uns zusammen ausreisen. Du solltest dich bald beim Missionswerk bewerben.»

Sie redeten noch über die Arbeit in Karatschi. Wanjas Herz schlug höher und höher. Er freute sich jetzt schon darauf, in dieses fremde Land zu gehen und zu missionieren. Dann beteten sie. Als sie fertig waren, drehte sich der Missionar plötzlich zu Wanja, sah diesen merkwürdig an und sagte schließlich:

«Ich kann dich nicht mitnehmen, Bruder. Du solltest doch erst die Bibelschule fertig machen. Was uns betrifft, so könntest du zwar auch so kommen, aber bei dir scheint das anders zu sein.»

«Aber wir haben doch gerade eben noch …»

«Stimmt genau. Gerade eben war ich noch davon überzeugt, in dir den richtigen Mann gefunden zu haben. Aber dann im Gebet … Kurzum, du solltest erst die Bibelschule absolvieren. Nichts wäre schlimmer, als übereilt auf das Missionsfeld auszureisen. Manche brauchen weniger Zurüstung, andere mehr. Gott allein weiß, warum du die Ausbildung fertig machen musst.»

Wanja war enttäuscht. Jetzt hatte er alles losgelassen. Jetzt war er bereit, aufs Missionsfeld zu gehen, und dann so etwas. Zurück in seinem Zimmer, wandte er sich an Gott. Nicht überraschend antwortete er ziemlich schnell.

Wanja hatte den Eindruck, er solle die Geschichte Abrahams lesen. Also öffnete er seine Bibel und las im ersten Buch Mose, Kapitel 12, die ersten Verse. Abram sollte seine Verwandtschaft, sein Volk und sein Land verlassen. Das hatte auch Wanja vor. Außerdem sollte Abram in ein Land gehen, das Gott ihm zeigen würde. Dazu war auch er, Wanja, bereit. Welches Land es werden würde, wusste Abram nicht. «Und ich behalte mir das Recht vor, es dir vorläufig auch nicht zu sagen», kam Wanja der Gedanke. «Du willst in Pakistan helfen, das wirst du zu seiner Zeit. Jetzt aber geh zu deiner Schule zurück und lerne. Ich habe einen Plan für dein Leben.»

Es war der Herr. Wanja spürte es.

«Und? Was macht Pakistan, Bruder?», fragte ihn Jost, der in diesem Moment das Zimmer betrat.

«Ich würde sehr gerne gehen, Jost. Aber der Herr will mir noch etwas beibringen. Ich darf nicht von der Schulbank runter.» Dann erzählte er seinem Freund von dem Gespräch mit dem Missionar und der unerwarteten Wende.

«Ich hatte gleich den Eindruck, die Sache sei noch nicht ganz reif», bestätigte Jost.

In der nächsten Woche genoss Wanja den Unterricht des amerikanischen Missionswissenschaftlers George W. Peters. Der Mann schien vor nichts und niemandem Respekt zu haben und sprach die Dinge aus, wie sie ihm richtig erschienen. Eines Tages sagte er: «Das Problem Nummer eins auf den Missionsfeldern heute sind die halbausgebildeten Missionare. Sie verbringen ein bis zwei Jahre an der Bibelschule und kommen dann als die westlichen Experten ins Land. Sie verstehen weder die Kultur der Menschen, noch haben sie wirklich die Heilige

Schrift verstanden. Lasst euch nie auf ein übereiltes Missionsengagement ein, Freunde», ermutigte er die Schüler. Dann folgten in typischer Peters-Manier Beispiele von Problemmissionaren.

«Der eine oder andere von euch würde vielleicht lieber heute als morgen nach Pakistan oder Indien gehen. Aber macht den Fehler nicht, übereilt nichts. Wir brauchen heute Fachleute auf dem Missionsfeld.» Peters schien bei seiner langen Rede Wanja gemeint zu haben.

Als Wanja ihn nach dem Unterricht ansprach, nahm dieser ihn zur Seite und sagte: «Du kommst aus Russland, Wanja, wie ich ursprünglich auch. Wir neigen dazu, Dinge schnell machen zu wollen. Aber glaube mir, ich habe in meinem Leben nur Fehler gemacht, indem ich schneller als der Herr laufen wollte. Es gibt ein russisches Sprichwort, das da besagt: ‹Wer langsam fährt, kommt weiter.› Ich habe den Eindruck, Gott hat etwas ganz anderes mit dir vor. Du solltest studieren. Das Zeug dafür hast du. Auf das Missionsfeld kommst du immer noch.»

«Aber vielleicht kommt der Herr bald, Bruder Peters», wandte Wanja zaghaft ein.

«Ich sage dir, mein Freund, du wirst noch recht alt, bevor er kommt. Ich werde seine Wiederkunft nicht mehr erleben, und wenn ich Unrecht haben sollte, dann ist es auch egal. Es ist besser, du tust so halbfertig, wie du jetzt noch bist, nichts auf dem Missionsfeld. Da würdest du nur Schaden anrichten. Solche Unfertigen wie dich haben wir da drüben Tausende. Sei so gut, bereite dich vor, oder vergiss die Mission ganz und gar.»

Das saß. Wäre es ein anderer gewesen, Wanja hätte es ihm übelgenommen. Aber der kleingewachsene, quirlige

Professor Peters – von dem erwartete man kernige Sätze. Dankbar nahm Wanja sie an.

«Ich werde studieren, Professor.»

«Komm zu mir, wenn du so weit bist. Aber erst, wenn du den Doktor machst.»

«Träume hat der Mann», dachte Wanja, als er aus der Tür des Klassenraumes ging. Er wusste nicht, ob er sich freuen oder ärgern sollte. «Das Letzte, was ich brauche, ist ein jahrelanges Studium bis zur Promotion.»

Aber so sind nun mal gute Bibelschulen. Hat man hier einmal angefangen zu studieren, dann hört das Lernen nie mehr wirklich auf. In Wanjas Leben sollte das Wirklichkeit werden.

– 7. –
Endlich angekommen

Auch das Studium an einer Bibelschule hat einmal ein Ende. Wanja war im Herbst 1979 so weit. Und es stand fest, wohin er gehen würde. Eine Gemeinde in Obersalzungen im Süden Deutschlands hatte ihn eingeladen, sein Jahrespraktikum bei ihnen zu machen. Es war eine kleine Gemeinde. Und es war eine deutsche Gemeinde. Wanja betete um Klarheit, und Gott schenkte ihm diese mit dem Satz: «Ich habe dich nach Deutschland berufen und von hier aus in die ganze Welt. Also fang an und diene den Deutschen.» Tagelang lag ihm dieser Satz in den Ohren: *«Diene den Deutschen.»*

An seinem letzten Tag auf der Bibelschule fastete Wanja. Er wollte diesen Tag noch mal allein mit Gott verbringen. Oben auf dem Berg. Im Wald. Es gab so viel, wofür er danken konnte. Und es gab so viele Fragen, die auf ihn einstürzten. Morgen begann ein Leben im freien Feld. Morgen musste er den so liebgewordenen Schutzraum der Bibelschule verlassen. Was war nicht alles in diesen letzten drei Jahren passiert. Er kam mit einer kurzen Lebenserwartung zur Schule, auf einem Auge blind und voller innerer Verletzungen und Fragen. Gott hatte ihn geheilt. Er kam als ein gehorsamer Sohn seiner Kirche und ihrer Traditionen, die so ganz und gar nicht nach Deutschland und zu den Menschen hier zu passen schienen. Gott hatte ihn befreit. Er kam ohne deutsche Sprache, und Gott hatte ihm Worte geschenkt. Er hatte auf der Bibelschule gelitten, gekämpft und gelernt. Und Gott hatte gewonnen!

Wanja sah in den blauen Himmel über dem Wald. Ihm war so, als würde sich sein Gesicht im tiefen Blau des Himmels spiegeln. Es war ein faszinierendes Schauspiel. Sein Gesicht war überdimensional groß. Es lachte. Es lachte ihn, Wanja, an. Und es schien ihm, als ob es sich auf ihn zubewegen würde. Immer näher kam das Gesicht. Wanja schloss seine Augen. Nach einer Weile öffnete er sie wieder. Das Gesicht war verschwunden. Oder doch nicht. Unwillkürlich berührte er mit seinen Händen sein eigenes Gesicht. Es war da. Er war ganz.

Abends, als Wanja wieder in seinem Zimmer saß, kamen seine Freunde zum letzten gemeinsamen Tee.

«Wie würdet ihr unsere Jahre auf der Bibelschule zusammenfassen?», fragte Jost in die Runde.

Unterschiedliche Antworten folgten.

«Und du, Wanja? Wie hast du diese Jahre erlebt?», fragte Jost seinen Freund, der still dasaß.

«Ich habe hier ein Gesicht bekommen, ein missionarisches Gesicht. Meine Eltern haben mich in das Land meiner Väter gebracht. Sie nannten dieses Land unsere Heimat. Ich habe mich hier nicht wohlgefühlt. Ich wollte zurück in die Sowjetunion. Gott hatte andere Pläne. Hier auf der Bibelschule ist aus dem Iwan ein Hans geworden. Jetzt will und kann ich Deutschland lieben, weil ich in Deutschland Gott dienen werde. Ja, das ist es, die Bibelschule hat mir ein Gesicht gegeben, *mein* Gesicht. Ich glaube, ich bin erst jetzt in Deutschland wirklich angekommen.»